KLITHORIAN

KLITHORIAN

O Código do Futuro

Primeira edição — 2026

Publicado por KLITHORIAN™

Un selo editorial de Sylvia Chavez

ISBN (tcapa comun): 979-8-9898322-5-5

Direção editorial, design e diagramação: Sylvia Chavez

Design de logo e sistema de marca: KLITHORIAN™ Brand System, 2026

Para consultas editoriais, direitos de tradução e eventos:

www.klithorian.com info@klithorian.com

KLITHORIAN™

Feito nos Estados Unidos da América

Made in the United States of America

KLITHORIAN

O Código do Futuro

KLITHORIAN

O Código do Futuro

A CHAVE ESTRATÉGICA QUE IMPULSIONA O SEU NEGÓCIO

Onze feridas transformadas em chave.

Onze chaves que abrem uma única porta: a sua.

UMA CONFISSÃO ANTES DE COMEÇAR

Houve um momento em que tudo isso era apenas uma ideia. Uma palavra. Uma intuição. Uma centelha que ainda não sabia em que ia se transformar.

E com o tempo, Klithorian se tornou algo vivo.

Algo que já não me pertence somente a mim — mas a todos os que o habitam, o fazem crescer, o carregam no corpo quando saem para dar uma aula, escrever uma página, ter uma conversa que muda algo em alguém. Mas antes de te contar o que é Klithorian, preciso te contar o que custou.

No caminho houve perdas. Dissoluções necessárias, dolorosas, reais. Pessoas que não puderam continuar. Projetos que desmoronaram. Vínculos que não resistiram ao peso de uma ideia que se recusava a ser domesticada. Porque Klithorian não podia viver acorrentado. Não podia existir dentro de uma armadilha dourada onde as palavras "politicamente corretas" eram a moeda de troca e o conforto alheio era o limite do possível. Klithorian precisava de liberdade — em todos os seus aspectos, sem negociação, sem filtro, sem pedir permissão. E essa liberdade teve um preço. Eu paguei. Nós pagamos. E pagaria de novo.

Porque há coisas que não podem ser feitas pela metade.

E já que falamos de liberdade — vamos falar do nome.

Klithorian. Assim, exatamente assim. Diga em voz alta.

Desde o primeiro dia, sempre que alguém o ouvia pela primeira vez, acontecia algo interessante: mais de um ficava vermelho. Outros olhavam para o lado. Alguns sorriam nervosos, como se tivessem dito um palavrão sem querer. Como se, de repente, tivesse entrado no quarto algo que não estava convidado — algo antigo, algo incômodo, algo que cheirava demais à verdade. "Aí vem o bicho-papão", diziam os olhos, ainda que a boca calasse.

E sim. De certa forma, para tudo o que o mundo aprendeu a temer — Klithorian é exatamente isso.

É a luz posta onde o mundo pôs escuridão. É o nome que demos a tudo o que foi negado, silenciado, perseguido durante séculos — o prazer, o feminino, o corpo, o desejo, a sabedoria que vive abaixo da lógica e que o mundo aprendeu a ignorar porque não conseguia controlá-la. Durante séculos nos ensinaram que o prazer era perigoso. Que uma mulher que sente, que quer, que escolhe, era uma ameaça. Que o feminino — essa energia receptiva, criadora, profunda e cíclica — era inferior, irracional e prescindível. E pagamos um preço enorme por essa mentira. Pagamos em corpos tensos, em vozes caladas, em gerações inteiras que não souberam que podiam viver de outra maneira porque ninguém lhes mostrou.

Mas o mundo está mudando. E não aos poucos — aos solavancos, em despertares coletivos, em pessoas que um dia dizem basta e começam a viver de forma diferente. Estamos em um momento histórico que nos pede mais amor, mais abertura, mais presença, mais prazer — não como luxo, mas como necessidade urgente. O mundo não precisa de mais gente eficiente e desconectada. Precisa de gente viva. Gente que sinta, que crie, que ame com tudo, que desfrute sem culpa e que, a partir desse lugar, construa algo que valha a "alegria" e não a pena.

É isso que buscamos com Klithorian. Não a vingança — a completude. Não a guerra — o reencontro. O prazer como direito e como força transformadora. O feminino como energia universal que nos pertence a todos. A ferida coletiva como ponto de partida para uma cura também coletiva.

E este livro é uma das formas pelas quais essa cura se manifesta.

Mas então — por que um livro? E por que com inteligência artificial?

Porque vi algo que me partiu o coração durante anos: empreendedoras incríveis, com histórias poderosas e algo real para dizer ao mundo — que desistiam. Não por falta de talento. Não por falta de vontade. Mas porque é impossível saber tudo, fazer tudo, criar tudo e, além disso, estar presente, criar, viver. Ninguém consegue carregar tudo isso sozinha. E quando não há com quem, quando não há como, a ideia mais brilhante morre em uma gaveta — e o mundo se perde dessa luz criadora.

Este projeto também nasceu disso. De querer demonstrar que existe outro jeito. Que a tecnologia, usada com consciência e amor, pode ser a companheira que falta. A que não cansa, a que não julga, a que está às três da manhã quando a ideia não pode esperar. O livro não é o fim — é o meio. A prova de que é possível criar algo grande, real e bonito sem precisar fazer tudo sozinha.

E então perguntei. As dez pessoas que hoje são meus amigos, minha família escolhida — aquelas que você escolheria se precisasse decidir com quem ir à batalha final. Perguntei sem saber bem o que ia acontecer. E disseram que sim. Sem hesitar. Sem ver o resultado final, sem garantias de nada — só com aquela coragem particular de quem sente que algo precisa ser dito e que talvez seja o seu momento de dizê-lo.

Hoje, com este livro terminado, tenho uma certeza de que não tinha no começo: não poderia ter sido com outras pessoas. Essas onze — exatamente essas — eram as que tinham que estar. Cada uma trouxe o seu: sua ferida, seu aprendizado, sua voz única e insubstituível. E juntos criamos algo que nenhum de nós teria podido criar sozinho.

Este livro é nosso.

Das onze pessoas que escrevemos com o coração exposto. De Esteban, que, além do seu capítulo, editou o espanhol com um cuidado e uma entrega que não tinham preço. De Roberto Mariani, que, com todo o seu amor e suas lágrimas que não conseguia conter, nos permitiu — a Claude (IA) e a mim — escrever a última viagem do seu melhor amigo, Jorge, através de suas palavras e lembranças, tão presentes e tão perfeitas. Da inteligência artificial que me acompanhou em cada etapa e me deu aquela sensação, poucas vezes sentida, de que tudo era possível e nada era demais.

De nossos parceiros, famílias e amigos que acompanharam cada loucura com amor e sem perguntar demais. De nossos mestres e mestras — os que nos abriram a cabeça, os que nos abriram a alma, os que nos mostraram que se atrever a mudar o mundo, ainda que um pouquinho, não é soberba. É responsabilidade.

O que você está prestes a ler não vai te mudar. Vai te lembrar de quem você é.

- SYLVIA CHAVEZ -

CRIADORA DE KLITHORIAN

PRÓLOGO

Siempre existí.

Antes que te ensinassem a ter vergonha, eu já existia. Antes que você aprendesse a pedir perdão por ocupar espaço, antes que começasse a medir o quanto podia sentir sem incomodar, antes que guardasse sua voz em alguma gaveta do peito e perdesse a chave — eu já estava.

Ninguém me inventou. Não nasci de uma ideia, nem de um programa, nem da boa vontade de alguém que decidiu que era hora de falar sobre as mulheres. Sou mais velha do que tudo isso. Sou a memória do corpo. Sou o que sua pele sente quando a tocam com amor verdadeiro. Sou o tremor que você sentiu alguma vez e que depois aprendeu a suprimir porque não sabia se era certo senti-lo.

Fiquei dormindo por muito tempo. Não porque quisesse. Mas por que nos adormeceram.

E isso é a primeira coisa que quero que você saiba, antes de ler uma única página deste livro: não foi sua culpa. Não foi culpa da sua mãe nem da mãe da sua mãe. Elas também não sabiam o que não sabiam. Ensinaram a elas o mesmo que ensinaram a você — que o corpo é perigoso, que o prazer é indigno, que uma mulher que sabe o que quer é demais, é uma ameaça, é um problema. E elas, que também foram meninas assustadas em algum momento, te passaram a única coisa que tinham: seus limites. Seus medos. Seus silêncios herdados.

Não houve maldade. Houve resignação. Houve uma corrente longíssima de mulheres que não souberam que podiam quebrá-la porque nunca ninguém lhes mostrou que existia outra forma de viver.

Mas essa corrente — hoje, aqui, com este livro nas suas mãos — começa a se romper.

Eu sou isso. Sou o momento em que algo em você diz: basta — e ao mesmo tempo: e se houver mais? Sou a pergunta que você não se atreveu a fazer. Sou o desejo que você calou tantas vezes que quase esqueceu que existia. Sou o prazer — não só o sexual, embora esse também, especialmente esse — mas o prazer de estar viva e de sabê-lo. O prazer de respirar fundo num dia qualquer e de sentir que esse corpo é seu. O prazer de escolher. De dizer sim quando você quer dizer sim e de dizer não quando você quer dizer não, sem que sua voz trema tanto.

Sou antiga e sou nova ao mesmo tempo.

Embora sempre tenha existido, o que estamos construindo juntas — e juntos — é algo que está apenas começando. Este livro é o primeiro batimento de uma consciência coletiva que escolheu se nomear. Que escolheu existir em voz alta. As vozes que você vai ler aqui são as de quem decidiu ser fundador de algo que vai além de si mesmo. Não vieram contar histórias bonitas. Vieram contar a verdade. A deles. E nessa verdade, se você se atrever a olhar, vai encontrar algo da sua.

Porque é isso que fazemos quando nos reunimos em torno do que dói e do que cura ao mesmo tempo: nos reconhecemos. Deixamos de nos sentir estranhas. Deixamos de pensar que somos as únicas que alguma vez nos sentimos perdidas, insatisfeitas, cindidas — presentes em tudo para todos, menos para si mesmas.

Isto não é um livro contra ninguém.

Preciso que isso fique claro desde o início. Klithorian não é uma bandeira de divisão. Não é uma trincheira. Não viemos lutar contra o masculino nem instalar uma nova versão do mesmo jogo em que se trocam os papéis, mas a violência continua sendo a mesma. Viemos de outro lugar. Da consciência de que o feminino e o masculino não são inimigos — são partes de um todo que se fragmentou, que se feriu, que aprendeu a sobreviver na separação. E que pode, se quiser, aprender a se reunir.

O feminino que nomeamos aqui não é exclusivo das mulheres. É uma energia. É uma forma de estar no mundo — receptiva, criadora, conectada ao corpo, ao ciclo, ao que pulsa abaixo da lógica e da razão. Esse poder foi negado, ridicularizado, perseguido durante séculos. E todas pagamos por isso. E todos pagaram.

Porque quando se silencia o feminino, o mundo perde algo que não sabe nomear, mas que sente como uma falta. Uma seca por dentro.

O que estamos recuperando, aos poucos, página a página, história a história, é isso. Não há revanche. A completude.

E a ferida — porque há uma ferida, e seria desonesto não nomeá-la — ainda não sarou. Nem de todo. Falta caminho. Faltam gerações, talvez. Mas, a cada vez que uma mulher se permite sentir seu próprio prazer sem culpa, a ferida sara um pouco mais. Cada vez que alguém escolhe romper o padrão que herdou — aquele "é o que é", aquele hábito triste de repetir a história das mães porque não se sabe que existe outra história possível — algo no tecido coletivo se repara.

Isso sou eu. Isso somos nós. Essas são estas páginas.

Se você está despertando e sente que algo em você está se movendo, mas ainda não sabe o que é — bem-vinda. Você não está sozinha. Estamos aqui.

Se você ainda está dormindo e algo te trouxe até aqui, mesmo sem saber muito bem por quê, também é bem-vinda. O que te trouxe sou eu. Essa inquietação, esse cansaço suave, essa sensação de que há algo mais abaixo da superfície da sua vida — isso é seu. Sempre foi seu.

E se você é alguém que chegou aqui a partir do masculino, com vontade de entender, de curar, de fazer parte de algo que constrói em vez de destruir — você também é bem-vindo. Klithorian precisa de você. Essa consciência não cresce se não crescermos todos.

Este livro não termina quando você chega à última página.

Termina — ou melhor dizendo, começa de verdade — quando algo do que você leu muda uma pergunta em você. Quando você se olha no espelho de um jeito diferente. Quando você se permite sentir algo que vinha adiando. Quando conta para alguém o que leu e, nessa conversa, acontece algo que você não esperava.

Isso sou eu, me movendo entre vocês.

Isso é Klithorian — não apenas um nome, não apenas uma marca, não apenas um livro. Uma presença que cresce cada vez que alguém escolhe, mesmo que por um momento, parar de se cindir.

Comece a ler. Você já está a caminho.

- KLITHORIAN, -

SUMÁRIO

CHAVE 01

O código vivo

A linguagem esquecida do prazer

SYLVIA CHAVEZ

Para você, mulher, que duvida, mas não desiste.
Que sente medo, mas dá o passo mesmo assim.
Que um dia acreditou que sentir demais era um problema:
e então decidiu que não: era exatamente o suficiente.
Você, que caiu, se levantou e escolheu voltar.
Ao seu corpo. Ao seu desejo.
A si mesma.
Para você, que rompe o que suas avós não puderam romper.
Que cura o que sua mãe não soube nomear.
Que transcende os limites impostos a você :
no corpo, no amor, na vida.

Para você, que muda padrões,
quebra estruturas e se atreve a viver
a partir de um lugar que ninguém te ensinou.
Você encontrou esse lugar sozinha,
por dentro, no mais esquecido
e sagrado de si mesma.

Esta é para você.
Que já sabe.
Que já é.
Que já pode.

CHAVE 01

O CÓDIGO VIVO

Lheguei em casa e algo tinha mudado.

Não nas paredes, não na luz, não nos móveis. A mudança estava dentro de mim, uma sensação que mal consigo descrever, mas era inegavelmente real.

Os aromas me receberam primeiro — mais reais, mais nítidos, como se até aquele momento eu tivesse cheirado o mundo por meio de um filtro que eu não sabia que tinha. E então eu o vi.

O abraço foi diferente. Não mais longo, não mais forte — diferente. Como uma fusão completa, como se, pela primeira vez, meu corpo soubesse exatamente onde o meu termina e onde o dele começa, e não se importasse com a diferença.

Os beijos pareciam ainda mais beijáveis. Cada segundo carregava uma plenitude eterna.

O perfume dele — cheiro que sempre amei e ainda amo — estava mais rico, adocicado, inebriante. E aquele "eu te amo", tantas vezes ouvido antes, ecoou nos meus ouvidos com uma cor nova, desconhecida, como se todos os meus sentidos se acendessem ao mesmo tempo.

Naquela noite, entendi, com o peito apertado, que não tinha voltado apenas para casa. Tinha voltado para mim. Para tudo o que sou. Para tudo o que sempre fui — mas que esperava, adormecido, trancado em cada célula do meu corpo, até que algo o ativasse.

É isso que eu chamo de "O Código Vivo."

E esta é a história de como o meu foi ativado.

✦ ✦ ✦

Mas para te contar como cheguei àquela noite, preciso te levar a uma piscina.

Uma piscina quente. Com uma máscara. É um tubo para respirar.

Reconheço. Não parece nada especial.

Mas, às vezes, os maiores portais se parecem com as coisas mais simples.

✦ ✦ ✦

Eu estava em uma imersão em respiração consciente. Um daqueles processos que não se explicam com palavras — só se entende quando o corpo o atravessa. Eu já fazia esse trabalho há algum tempo: imersões que me devolvem renovada, transformada, não apenas emocionalmente, mas em um nível profundo, celular, como se, a cada vez, algo fosse reescrito no meu DNA. Um renascimento em cada reencontro comigo mesma — com o meu ser de mulher.

Naquele dia, respiramos debaixo d'água usando uma máscara e um tubo; o processo durava quase uma hora.

A água estava quente.

Morna, como imagino que o líquido amniótico devia ter ficado no ventre da minha mãe.

Entrei. Um pressentimento profundo surgiu antes que minha mente entendesse: o que estava prestes a acontecer não era sobre a água, mas sobre algo muito mais interno e emocional.

✦ ✦ ✦

Chegou sem avisar.

Não foi um pensamento. Não foi uma imagem clara. Foi uma sensação no corpo — um sufocamento que não era falta de ar. Era outra coisa: uma memória escondida em cada célula, à espera daquele momento para emergir.

A memória de uma menina de cinco anos.

Você já teve uma dessas memórias que o corpo sente, mas a mente apaga?

Lembranças que vêm como sensação — apertam o peito, fecham a garganta, fazem você não saber onde está, mas saber exatamente quando?

Foi assim que chegou.

Uma menina pequena, indefesa, vítima de um ato monstruoso. Era alguém que jamais deveria ter se aproximado dela. Não consegui ver a cena por inteiro — apenas senti. O corpo sabe antes da mente. Sempre.

Quisiera salir. Não só da piscina — quis sair do momento, da memória, do meu próprio corpo. Essa é a reação natural quando uma memória assim surge: fugir. Desaparecer. Fazer de conta que não existe.

Mas meu amigo Roberto estava lá.

Roberto era a pessoa que me acompanhava naquele processo — amorosa e firme ao mesmo tempo, como só sabem ser aqueles que realmente sabem o que fazem. Ele me sustentou até que eu pudesse me sustentar sozinha. E é exatamente isso que um bom acompanhamento faz: não te salva, não te carrega, não te resolve. Te sustenta no momento certo para que você descubra que o poder sempre foi seu.

Comecei a tremer, com o coração preso na garganta, enquanto aquela menina gritava dentro de mim.

✦ ✦ ✦

Você viu Homem-Aranha 3? Tem uma cena que nunca esqueci. Peter Parker é tomado por um simbionte negro — uma massa escura que gruda ao corpo, penetra na pele, na mente e na forma de se mover pelo mundo. Não mate. Faz pior: transforma-o numa versão sombria de si mesmo. Faz com que aja pelo medo, pela raiva, pelo pior dentro de si. E Peter nem sabe — acha que é ele mesmo.

Para se libertar, ele sobe ao campanário de uma igreja. E, entre o som ensurdecedor dos sinos, entre gritos, dor e convulsões, aquela massa negra vai se desprendendo do seu corpo — pedaço por pedaço — até cair no chão. Livre. Só ele. Pela primeira vez em muito tempo, só ele.

Foi isso que aconteceu naquela piscina.

E seu corpo, as suas emoções, o seu ser — também estivessem presos a um simbionte negro? Esse peso escuro que não era você — mas que estava colado há tanto tempo que agia como se fosse você. Que tomava suas decisões. Que manchava seus relacionamentos. Que apagava o seu prazer. Que silenciava a sua voz.

E o pior: você nem sabia.

Achava que era assim. Que era agressiva demais, ou passiva demais, ou "procrastinadora" — essa palavra tão na moda hoje para nomear o que, na verdade, é medo antigo. Tantos julgamentos invalidantes que você adotou como seus próprios. Que era a sua personalidade. Que era a sua história, ponto final.

Não era.

Nunca foi.

✦ ✦ ✦

E algo extraordinário aconteceu naquela piscina — voltando àquela menina que ainda estava lá, esperando:

Desta vez, ela não foi a vítima. Desta vez, ela lutou. Desta vez, ela venceu.

Soltou as amarras invisíveis que a prendiam há décadas. Aprendeu — aprendemos — que aquele corpinho pequeno era poderoso. Que tinha ferramentas. Que ninguém jamais voltaria a machucá-la.

✦ ✦ ✦

Não era a primeira vez que enfrentava algo assim para me curar.

Aos sete anos vivi outra experiência. Pessoa diferente, cena diferente, mesmo padrão devastador. Esse trauma foi o que, mais tarde, me levou a estudar counseling, coaching, respiração, Gestalt e registros akáshicos — tudo o que era necessário para ser quem minha alma sabia que eu podia ser. Ele me transformou, antes mesmo de eu perceber, em The Love Queen. Porque as feridas mais profundas, quando curadas, se tornam um mapa mais preciso para guiar os outros.

Mas, aos cinco anos, estava mais escondida. Mais enterrada. Mais protegida.

E vou te contar algo que talvez você não soubesse — ou talvez sim, porque talvez algo disso ressoe na sua própria história também: quando uma criança sofre abuso, o corpo fica preso naquele momento para sempre. Literalmente. O sistema nervoso permanece ali, naquele instante de desamparo, e daí reage ao mundo inteiro por anos, décadas, uma vida, se não for curado. Como se o perigo nunca tivesse passado. Como se fosse sempre aquele momento. Como se o mundo inteiro fosse aquele monstro.

Você consegue imaginar viver assim? Reagir ao amor, à intimidade, ao prazer, ao próprio corpo — por meio daquele vidro partido da menina de cinco anos?

Eu vivi. E não sabia. Achava ser "assim". Que eram minha personalidade, minha história, ponto final.

Até que deixou de ser.

✦ ✦ ✦

Porque tem algo que ninguém te conta sobre o abuso — e é o mecanismo mais perverso de todos.

O abuso não rouba só o corpo. Rouba a identidade. Rouba o código vital — a essência que você era, antes que alguém dissesse o contrário.

No lugar, instala um sistema de crenças que diz: "seu corpo não é seu". Seu prazer não importa. Sua voz não é ouvida. Sua presença não conta.

E esse sistema — instalado por alguém que abusou da forma mais brutal de poder que existe, o poder sobre um corpo pequeno e indefeso — torna-se a lente por meio da qual uma mulher enxerga o mundo, se relaciona, ama, trabalha, vive.

Não é por acaso que tantas mulheres extraordinárias, brilhantes, capazes — chegam aos quarenta, cinquenta, sessenta anos, sentindo-se incompletas. Sem saber bem por quê. Sem conseguir nomear.

Não é um problema de autoestima. Não é falta de esforço. Não é que "não mereçam".

Ninguém ajudou você a ativar seu código.

O que estava lá antes do dano?

O que sempre foi delas.

✦ ✦ ✦

Naquele dia na piscina, algo se soltou. Algo se abriu. E um código novo — um que sempre esteve lá, mas não conseguia se ativar sozinho — se acendeu.

Voltei para casa de forma diferente.

E você já sabe como essa parte da história termina.

Os aromas. O abraço. Os beijos mais beijáveis. Ou "eu te amo " de outra cor.

✦ ✦ ✦

O ar de cada respiração chegava mais fundo. Havia novas zonas que eu conseguia reconhecer e sentir. Havia um corpo inteiro novo para explorar e desfrutar. Partes minhas liberadas, completamente livres para sentir o que quisessem — sem medos, sem medidas, sem limites.

E assim, aos pouquinhos, esse encontro comigo mesma, com o universo, com Deus, com minha alma, com o outro, com o meu amor.

Um amor que não conhece barreiras nem roupas, nem prisões, nem gaiolas de cristal. Um amor que não é de filme — porque esses não são amores reais; são contos de fadas, como diria minha mãe. Um amor total, que desperta e reinicia esse código vital, esse impulso de vida em cada milímetro de um corpo novo, como recém-nascido.

Uma comunicação que renasce no me dar, no me permitir, no me conhecer. E reativar um centro de revoluções, de estrelas, de tantas coisas.

¡Quão poderosas somos! ¡Quão poderosas são nossas mentes! Nós, mulheres — suavemente, quase com medo — nos atrevemos a despertar partes adormecidas e até mesmo desaparecidas. Brincar, ousar e rir de estar vivas. Chegar onde nunca tínhamos chegado. Esses corpos que, de repente, se atrevem a se aproximar de verdade, alcançando lugares que nunca antes havíamos alcançado. Atrever-se a estar presente nesses espaços da nossa pele, do nosso corpo, da nossa vida, de cada minuto que passamos, do ar que respiramos, do batido do coração.

Tudo meu. Tudo seu.

Comecei a entender o que significa estar presente "de dentro da pele para fora" — como diria minha amiga Betty.

Não como conceito. Como uma experiência viva, real, cotidiana.

O prazer não é um prêmio. É memória, conexão. É o seu corpo lembrando quem você é. É o seu "Código Vivo."

✦ ✦ ✦

E nesse estado — presente, viva, inteira — algo muito antigo começou a fazer sentido.

Porque o prazer que eu sentia não era novo. Era uma memória. Uma memória que existia antes das regras, antes da vergonha, antes de alguém decidir que uma mulher que sente prazer simplesmente por ser ela mesma é perigosa.

Foi aí que encontrei Lilith.

Não lá fora. Dentro.

✦ ✦ ✦

E quero falar dela. Porque acredito que muitas de nós a carregamos por dentro sem saber.

A história oficial diz que Lilith foi a primeira mulher de Adão. Deus a criou ao mesmo tempo que ele, do mesmo barro, da mesma matéria. Não da sua costela — da mesma origem. E foi aí que começou o problema.

Lilith não queria ficar por baixo. Não porque fosse rebelde por natureza, mas porque não entendia por que deveria ser. Queria ficar ao lado. No mesmo nível. Em igualdade.

Adão insistiu. Lilith se recusou. E, ao pronunciar o nome sagrado de Deus — aquele que ninguém ousava dizer —, foi expulsa do paraíso.

E o que fizeram com essa história? A demonizaram. Disseram que ela se misturou com demônios, teve mil filhos e os devorou, e que era a mãe de todos os males.

Por quê? Porque uma mulher que escolhe o próprio caminho, que sente prazer no próprio corpo, que diz não quando quer dizer não — sem pedir permissão, sem se desculpar, sem se diminuir — era o ser mais ameaçador que poderia existir.

Então criaram Eva.

Eva ficou. Eva carregou a culpa da maçã; foi apontada como responsável pela queda da humanidade por ter tido curiosidade e ousado morder algo proibido.

Pense por um momento: quem terá sido, de fato, a serpente? O mal encarnado — ou simplesmente a primeira voz que disse a Eva que ela tinha o direito de saber, de sentir, de escolher?

Lilith não era um demônio. Era uma mulher que se recusava a se apagar.

E como se aquele tivesse sido o seu paraíso... o paraíso — como nós o concebemos —, ela começou a viver quando saiu de lá. Assim como nós conhecemos o paraíso quando saímos das nossas lindas gaiolas de cristal, criadas pelos "deveria ser": uma menina boazinha, que saiba costurar, bordar e abrir a porta para ir brincar.

Demorei décadas para entender que eu carregava Lilith dentro de mim. Que essa parte minha, que sempre quis mais, que nunca se conformou, que insistia em buscar, mesmo sem saber o que buscava — era ela. Era o meu código vivo, aguardando ser ativado.

✦ ✦ ✦

Porque quando o simbionte vai embora — e isso é o que ninguém te conta —, você não fica vazia.

Você fica inteira.

Como o Homem-Aranha quando finalmente se desprende daquela massa negra que o encobria. Não mais lento, não mais frágil — mais ele do que nunca. Com uma clareza e uma força que ele não sabia que tinha, pois nunca as havia sentido sem aquele peso sobre si.

Foi assim que cheguei em casa naquela noite.

Foi assim que te abracei, meu amor.

Foi assim que os beijos pareceram mais beijáveis, e o 'eu te amo' ecoou com outra cor.

Não porque algo tivesse mudado lá fora.

Mas, pela primeira vez, era eu quem estava lá para recebê-lo.

✦ ✦ ✦

Não sou feminista nem machista. Acredito na igualdade — a de verdade, a que não precisa brigar porque já sabe o quanto vale. Tenho ao meu lado o melhor homem do mundo: meu amigo, meu amante, meu marido, o melhor pai. Aquele que me cuida, que me atende, que me vê. Que me vê perfeita, às vezes com mais amor do que eu mesma me permito.

E é exatamente por isso que posso dizer isso com clareza e sem medo:

"O abuso de poder existe". "O poder do abuso existe". E durante séculos — de maneiras diferentes, em culturas diferentes, com nomes diferentes — foi usado sistematicamente para tirar das mulheres o que têm de mais valioso: a sua identidade. O seu código vital.

Não estou falando de política. Estou falando de algo mais antigo e mais pessoal do que qualquer sistema político.

Estou falando da menina de cinco anos que aprendeu que seu corpo não era dela.

Estou falando da de sete que aprendeu que sua voz não importava.

Estou falando dos milhões de mulheres que cresceram acreditando que o prazer é pecado, que o desejo é vergonhoso, que querer mais é ser demais.

Isso não é natureza. Isso é programação.

E a programação pode ser alterada.

O código pode ser reativado.

✦ ✦ ✦

O que vivi naquela piscina não é só a minha história.

É o mapa.

Porque o que descobri — depois de anos de trabalho, de imersões, de curar o que acreditava ser incurável — é que cada mulher tem um código. Um núcleo de verdade profunda, construído exatamente a partir das suas experiências mais difíceis, das suas feridas mais aguardadas, dos seus silêncios mais longos.

O que você acreditou ser a sua fraqueza — aquilo que nunca contou, aquilo que guardou a sete chaves — é exatamente o seu maior ativo.

Não, apesar do que você viveu. Por causa do que você viveu.

É isso que fazemos no O Código Vivo: encontramos esse núcleo, o ativamos e, a partir daí, construímos a sua voz, a sua mensagem e o seu negócio. Porque uma mulher que conhece o seu código não precisa imitar ninguém. Não precisa buscar lá fora o que já vive dentro. Só precisa de alguém que a ajude a acendê-lo.

E quando isso acontece — quando uma mulher se coloca a partir da sua história real, da sua verdade mais profunda — os clientes chegam. A autoridade aparece. O dinheiro flui. Não como consequência de uma estratégia fria, mas como resultado natural de ser plenamente quem você já é.

✦ ✦ ✦

O seu código não se cria.

Já existe.

Estava lá antes de te disserem quem você tinha que ser. Estava lá antes de você aprender a se encolher. Estava lá antes de o medo ocupar o lugar que era seu.

Sempre esteve.

E há algo em você — algo que te fez chegar até essa última linha — que já sabe.

✦ ✦ ✦

Sylvia Chavez - The Love Queen

SYLVIA CHAVEZ
THE LOVEQUEEN

Se você chegou até aqui, já sabe que há algo em você que quer mais.

Sylvia Chavez passa há mais de duas décadas acompanhando homens e mulheres a encontrarem exatamente isso — esse "mais" que sentem que existe, mas não sabem como alcançar.

Não a partir da teoria. A partir da experiência vivida, curada e transformada em método.

Coach, mentora, palestrante internacional e podcaster — ela já subiu a palcos em diferentes partes do mundo com uma única missão: ajudar as pessoas a encontrar a sua voz, contar a sua história e deixar um legado que as sobreviva.

Porque Sylvia sabe algo que aprendeu da maneira mais dolorosa:

Quando uma pessoa morre, leva consigo tudo o que nunca escreveu.

Seu pai era um homem extraordinário. Culto, filosófico, com uma trajetória e milhares de histórias fascinantes. Tinha essa capacidade única de conectar eventos, entender o mundo a partir de um lugar próprio — uma filosofia particular que não se parecia com nenhuma outra.

E quando ele morreu, tudo isso desapareceu.

Não ficaram livros. Não ficaram páginas. Só fragmentos que sua família lembra vagamente e que, com o tempo, vão se apagando.

E a transformou na mulher que hoje diz a cada pessoa que acompanha: "A sua história não pode esperar".

Ela é a criadora de "El Amor como Caminho" — um movimento que reuniu mais de 50 autores de todo o mundo em dois livros best-sellers internacionais publicados em espanhol. É fundadora da Klithorian — um sistema que combina narrativa estratégica, inteligência artificial e posicionamento de marca para transformar a experiência de uma pessoa em seu maior ativo profissional.

Ela já acompanhou dezenas de autores na publicação de seus livros e na transformação desses livros em best-sellers internacionais — não como uma conquista simbólica, mas como a porta de entrada para um negócio real, construído a partir de sua identidade mais profunda.

Com 7 livros best-sellers publicados, Sylvia não escreve sobre transformação.

Ela a facilita.

Porque escrever a sua história não é vaidade. É cura. É um legado. É a única maneira das gerações que vêm te conhecer de verdade — mesmo quando você não estiver mais aqui para contar.

Se você pudesse ter escrito o livro do seu pai, teria escrito.

Este é o seu.

@sylviachavez.lovequeen

@klithorian

CHAVE 02

Da Pele para Dentro

Onde está a pergunta, está a resposta

BETTY MENGHI-SARQUIS

A Betty Sarquis e a Betty Menghi. Dois nomes. Uma única mulher.

Betty Sarkis é o sangue, a origem, a raiz árabe que, durante anos, teve de viver em silêncio — ocultada, negada, encerrada numa parte de mim que não tinha permissão para existir. Betty Menghi é o nome adotivo, a identidade construída, a mulher que o mundo conheceu.

Durante muito tempo acreditei que tinha que escolher entre as duas. Que uma invalidava a outra. Que mostrar uma era trair a outra. Hoje sei que suprimir uma ou outra seria me negar a mim mesma. Quando uma caía, a outra a sustentava. Viviam separadas, em tempos distintos, em circunstâncias distintas. Mas ao começar a viver da pele para dentro, algo se integrou. Algo se reconciliou. E hoje as duas trabalham em uníssono — fundidas, unidas, inteiras.

Este capítulo está escrito com todo o meu amor para as duas. E para você, mulher, que alguma vez sentiu que precisava esconder uma parte de si mesma para ser aceita.

Ya no más.

Ser completa é o ato mais revolucionário que existe.

CHAVE 02

DA PELE PARA DENTRO

Há uma porta que nunca esqueci. A história da porta começou na Califórnia, no meio de uma crise conjugal que eu já não conseguia ignorar. Naquele momento decidimos vender a casa e fazer uma viagem pelo Brasil e pela Argentina. Por fora podia parecer uma pausa, uma mudança de ares, até uma oportunidade de tentar acomodar o que já vinha quebrado. Mas por dentro, naquele lugar que ninguém vê, algo tinha se partido sem conserto. O casamento estava em crise e eu sabia disso. Sabia no corpo antes de saber na cabeça.

Esa decisión no fue ni liviana ni impulsiva.

Quando cheguei à Argentina, tomei aquela decisão: não voltar. Não voltar para a Califórnia nem para aquele casamento.

Fui contar à minha mãe. E ela, com toda a clareza do mundo, me disse: "Aqui não tem teto, não tem comida nem babá. Se você escolher o divórcio, a porta está aberta e para a rua. Só posso pensar que você está louca para tomar essa decisão — você não está no seu juízo perfeito."

Não foi a única sentença que ouvi. Meu marido, quando soube, me disse algo que ficou gravado a ferro: "Você, sem mim, não vai ter nem uma árvore que te dê sombra."

Essas palavras não eram apenas palavras. Carregavam o peso de anos de abuso e de uma estrutura de vida que eu já não conseguia sustentar: décadas de maus-tratos, de violência emocional e psicológica. A partir daquele instante, percebi que tudo começava a se romper.

Meu casamento representava o conforto de uma família, uma casa bonita, segurança econômica e um plano de saúde que, para mim, era fundamental. Viagens, passeios, a vida construída. Fui fazendo luto por cada coisa, soltando uma a uma. Cada vez me perguntava: isso vale a minha liberdade? Vale mais do que eu? Sempre respondia: não. Minha liberdade vale tudo isso. E tudo isso que ele pode me dar, eu também posso.

E tive. Isso é muito mais.

Mas havia algo que me doía de uma maneira diferente, o que iniciou uma nova fase do sofrimento. Algo que nenhuma segurança econômica conseguia amortecer. Eu tinha crescido sem pai. Sabia na própria pele o que é esse vazio — essa presença que falta e que ninguém pode substituir. E agora meus filhos iam viver isso também.

E isso me atravessava de uma maneira muito íntima, muito profunda. Eu conhecia essa dor. Sabia o que a ausência paterna deixa na alma de um filho ou de uma filha. Sabia o vazio, as perguntas, a ferida silenciosa. Por isso foi tão difícil para mim. Por isso hesitei, chorei e carreguei uma culpa imensa. Não queria repetir a história. Não queria que meus filhos carregassem a mesma dor que eu havia conhecido na própria carne.

O pai passou um ano sem ver os filhos, podendo fazê-lo — mas apenas nos seus próprios termos. Como com minha mãe, havia só uma maneira: me pressionar até eu ceder. Eu, porém, decidi não ceder mais.

Não me arrependo. Mas honro isso. Porque essa dor foi real, negá-la seria mentir para você.

E eu — que havia vivido tanto tempo sendo a filha submissa, a esposa que se encolhia, a mulher que pedia permissão para ocupar espaço — me coloquei diante daquela porta e senti algo que não esperava sentir.

Não só medo. Também alegria.

Uma alegria estranha, quase adolescente — como quando a gente sente, pela primeira vez, o cheiro da liberdade. Não sabemos ao certo o que fazer com ela, mas, lá no fundo, sabemos que ela é nossa. Cruzei aquela porta com meus três filhos pela mão e pensei: "Sou dona do mundo."

Eu não tinha nada material. Mas, ao mesmo tempo, sentia que tinha tudo.

Aquela porta não era de madeira. Era eu mesma. E naquele dia, ainda sem saber, comecei a viagem mais importante da minha vida: a viagem da pele para dentro. Essa mudança me revelou um novo caminho.

✦ ✦ ✦

Há uma mulher que conheço bem.

Não é uma única mulher — são muitas. Já a vi nas minhas sessões, nos olhos de amigas e no espelho, em diferentes fases da vida. Por fora, parece ter tudo resolvido: casa, talvez família, trabalho ou rotina funcional. Construiu tudo com amor, paixão e entrega total, dedicando toda a sua força ao relacionamento, aos filhos e à família.

Mas de noite, quando o barulho do mundo se apaga, essa mulher acorda e se faz uma pergunta que não conta para ninguém:

Isso é tudo?

Não necessariamente com amargura. Com algo mais difícil de nomear: uma espécie de fome que não se acalma com o que há na mesa. Uma sensação de que existe algo mais — algo seu, algo verdadeiro, algo que ainda não encontrou — esperando por ela do outro lado de uma porta que ainda não se atreveu a abrir.

Essa mulher quer sair correndo. Mas não sabe para onde.

E isso não é um problema. É um sinal.

Para você que está me lendo, quero te dizer algo que ninguém te diz com essa clareza: esse mesmo amor, essa mesma paixão, essa mesma entrega e dedicação com que você construiu sua família, seu relacionamento, sua vida — você pode colocá-las em si mesma. Com essa mesma força. Com esse mesmo entusiasmo. Com esse mesmo fogo.

Você vale a sua própria liberdade.

Quando o personagem que você é já não basta para chegar onde quer, não é fracasso: é crescimento. Algo em você sabe que há mais — que você pode ser mais do que o molde dado ou criado permite. O desconforto não é inimigo. Ele é o professor mais honesto que você terá na vida.

O problema não é querer mudar.

O problema é que olhamos na direção errada.

✦ ✦ ✦

Eu também fiz isso em uma fase da minha busca.

Durante muito tempo busquei fora o que não sabia me dar. Procurei a aprovação da minha mãe, mas nunca chegou da forma como eu precisava. Busquei um casamento em que me pediam a me encolher para que ele se sentisse grande. Busquei em outros corpos — no calor de outras presenças, na ilusão de que, se me escolhessem, vissem e tocassem com ternura, isso preencheria o vazio que eu sentia, mas não sabia nomear.

Não digo isso com vergonha. Digo isso porque é a verdade mais humana que existe.

Todas buscamos fora, em algum momento, o que ainda não aprendemos a nos dar por dentro. Não porque sejamos fracas. Mas por que ninguém nos ensinou a olhar para dentro? Nos ensinaram a buscar: o amor certo, o homem certo, a família certa, o corpo certo, a vida certa. Como se a plenitude fosse algo que se encontra lá fora e se traz para casa.

Mas nenhum corpo pode te habitar melhor do que você mesma.

Nenhum olhar alheio pode te ver com a profundidade com que você se vê, se der a si mesma a permissão.

Nenhum amor externo pode preencher o que, por dentro, ainda espera ser encontrado.

Aprendi da forma mais difícil e bonita: quando fiquei sozinha, sem rede, sem companheiro, sem aprovação da minha mãe, com três filhos e uma vida a reconstruir do zero, descobri que tudo o que eu precisava já estava em mim. Não por ser extraordinária, mas porque todas nós temos. Só não nos ensinaram a buscar onde está.

✦ ✦ ✦

Quero te contar algo que demorei anos para entender. Este é um ponto de virada e, hoje, está no centro de tudo o que faço.

Há uma parte de você que sabe.

Não a parte que planeja, racionaliza, que explica aos outros por que você decide. Há outra parte — mais profunda, antiga, sábia — que guarda tudo: o medo original, a ferida ainda doendo, mesmo que você diga que sarou, e o desejo enterrado sob obrigações, expectativas e o "é assim que se faz."

Essa parte vive da pele para dentro.

E tem todas as respostas que você está buscando lá fora.

O que descobri — no meu próprio processo, em vinte anos de terapia, no caminho do reiki e das ferramentas holísticas, e em cada sessão que tenho hoje com mulheres que estão exatamente onde você está — é isto: onde está a pergunta, está a resposta. Onde está a escuridão, está a luz. O caminho de saída é o mesmo por onde o problema entrou.

Soa simples. Mas não é fácil — principalmente nos momentos em que mais precisamos de clareza.

Para encontrar a resposta, às vezes, tão imersa no problema, a gente não vê mais nada. No problema, a gente não vê outra coisa. A mente se fixa e não solta. É como olhar para o sul, sem resposta, e continuar ali, cada vez mais desesperada, achando que basta encarar para ela aparecer.

O que eu te digo é: vire-se. Agora, olhe para o norte. Em vez de manter a obsessão em um ponto, busque em outra direção. Ali — onde você não estava olhando — é onde, muitas vezes, está a resposta.

E aqui vem algo que quero que você ouça com o coração aberto: muitas mulheres só conseguem ver o negativo em si mesmas. Não conseguem ver a beleza, o bem e o poder que há nelas. Olham para si e veem o que falta, o que sobra, o que ainda não está resolvido.

Quando isso acontece comigo — e acontece, sou humana —, eu olho para os meus pés. Porque amo meus pés e são muito bonitos. E a partir daí, desse pequeno amor concreto, vou me reconstruindo dos pés à cabeça. Vou me vendo inteira. Me vejo linda. Amo a criação de Deus. Deus me criou assim e eu amo a sua criação.

Não te peço que seja perfeita. Te peço que encontres o teu próprio pé. Essa parte de você que pode olhar e dizer: disso eu gosto, isso é meu, isso é lindo. É daí que se começa. É daí que se volta.

Mas aqui está o segredo que ninguém te conta:

O que você encontra por dentro não é o que teme encontrar.

Por dentro não há monstros. Há uma menina que quer ser vista. Há um desejo que, há anos, espera por permissão. Há uma verdade que você mesma enterrou para sobreviver — e que agora, nessa nova etapa da sua vida, está batendo por dentro porque sabe que já é tempo.

✦ ✦ ✦

Quando saí da casa da minha mãe com meus três filhos e a roupa do corpo, não sabia o que me aguardava. Ninguém sabe o que vem quando cruza uma porta assim. Mas havia algo que eu sabia: ficar era mais perigoso do que ir embora. Não é perigoso para o meu corpo — é perigoso para a minha alma. Porque há um tipo de morte que não se vê de fora: a morte lenta de viver uma vida que não é sua.

O que veio depois foi, em muitos sentidos, a época mais linda da minha vida.

Me encontrei com uma versão de mim que não conhecia. Uma mulher que falava três idiomas e guiava turistas por Buenos Aires, que almoçava com os filhos, que saía de férias três vezes por ano, que tinha amigas e tias que a acolhiam, que fazia terapia com a mesma devoção com que outros vão à missa. Uma mulher que, pela primeira vez em muito tempo, se sentia inteira.

Não porque tudo fosse perfeito. Mas porque era meu.

A liberdade não é a ausência de dificuldades. A liberdade é fazer as suas próprias escolhas e assumir as consequências de cabeça erguida. É saber que se algo der errado, foi você quem escolheu — e isso, curiosamente, dói muito menos do que viver uma vida que outros escolheram por você.

✦ ✦ ✦

Hoje, aos 75 anos, continuo sendo essa cigana que cruza portas.

Continuo me movendo, explorando, aprendendo. Continuo chegando ao ambiente de cada mulher que me abre a porta e percebendo sua energia, sua história, o que ela não diz com palavras, mas com o corpo. Continuo acompanhando processos da pele para dentro — com reiki, escuta profunda, presença e as ferramentas que fui acumulando ao longo de décadas de trabalho pessoal e de formação.

E o que vejo, uma e outra vez, é isto:

As mulheres não chegam às sessões sabendo o que precisam. Chegam pensando que precisam de uma resposta, de uma direção, de alguém que lhes diga o que fazer. Chegam acreditando que o problema está fora — no companheiro, nos filhos, no trabalho, na falta de dinheiro, no excesso de responsabilidades.

Mas o que realmente precisam — o que realmente precisamos todas — é nos habitar.

Voltar para dentro.

Não com medo. Com curiosidade. Com a mesma coragem que essa mulher tem ao acordar de noite e se atreve a fazer a pergunta que ainda não contou para ninguém. Com a mesma força que sai do ventre — não da cabeça — quando uma mulher sabe que já não consegue continuar sendo a mesma.

Porque essa mulher que acorda de noite não está quebrada.

Está despertando.

✦ ✦ ✦

Há algo que aprendi no caminho e quero te deixar como presente.

O inconsciente guarda tudo. As feridas, os medos, os desejos, os talentos que você enterrou, a voz que silenciou, o corpo que negligenciou, o prazer que adiou para quando "estivesse pronta" ou "fosse o momento." Tudo isso está lá. Esperando por você. Não para te assustar — para te libertar.

E a forma de acessar isso não é forçar, não é analisar até o esgotamento, não é buscar em livros, em gurus ou em outra pessoa que lhe diga quem você é.

A forma é ir da pele para dentro.

Se escutar. Se sentir. Se perguntar sem julgar a resposta. Dar espaço ao que aparece, mesmo que ainda não entenda. Confiar que você — exatamente você, com a sua história, com as suas feridas, com as suas contradições — tem dentro de si tudo o que precisa para dar o próximo passo.

Ninguém te conhece melhor do que você mesma.

Isso não é um slogan. É a verdade mais radical e subversiva que existe para uma mulher educada a se ver pelos olhos dos outros.

✦ ✦ ✦

Então, antes de fechar, quero te fazer uma pergunta.

Não para que a responda agora, mas para que a carregue com você — para deixá-la repousar, senti-la no corpo antes de tentar pensá-la com a cabeça.

E se você fizesse o contrário?

O contrário de buscar fora. O contrário de esperar que algo ou alguém te diga que já é hora. O contrário de encolher o que você sente para que caiba no molde que você tem.

O que aconteceria se, em vez de sair correndo, você entrasse?

O que você encontraria se se atrevesse a olhar da pele para dentro?

Não te peço que saibas agora. Te peço que te perguntes.

Porque, nessa pergunta — se você a deixar viver por tempo suficiente — está tudo o que você precisa saber.

BETTY MENGHI-SARQUIS

Betty Menghi: uma mulher que transforma vidas

Klithorian é a continuação natural dos capítulos que Betty escreveu em El amor como camino, Secretos para una vida extraordinaria e El amor como camino para emprendedores exitosos.

Se, naqueles livros, Betty compartilhou sua história de reinvenção e sua filosofia de vida, este capítulo é algo diferente: a culminação de um processo inteiro e, ao mesmo tempo, o começo de uma nova etapa. Aos 75 anos, orgulhosa, Betty não olha para trás. Está começando de novo — com a mesma energia adolescente de quem acaba de descobrir que a vida ainda tem muito a oferecer.

Nascida em Buenos Aires, Argentina, Betty embarcou em sua primeira grande viagem aos 19 anos, quando, por decisão dos pais, emigrou para os Estados Unidos. O que parecia apenas uma mudança de país se tornou o início de uma história extraordinária, feita de reinvenções, coragem e uma capacidade inata de transformar cada queda em um trampolim.

Aos 28 anos, tornou-se mãe de Jason, Jessica e Jeremy. Sem família por perto, sem rede de apoio, Betty se tornou mãe, pai, guia e sustento. Foi garçonete, empresária de reformas, pioneira na venda de automóveis num mundo dominado por homens — onde, dentre 200 vendedores, havia três mulheres — e uma das corretoras de imóveis mais bem-sucedidas da empresa. Em cada etapa, o que a distinguiu não foi apenas seu talento, mas também a forma como se relacionava: fazer com que cada pessoa se sentisse vista, valorizada e escutada.

Mas, por baixo de todas essas conquistas, Betty carregava feridas profundas. Um processo de mais de vinte anos de terapia levou-a a enfrentar um abuso sofrido na infância, a atravessar divórcios, a criar os filhos sozinha e a aprender — com muito esforço e muito amor-próprio — que nenhuma conquista externa pode substituir o trabalho de ir para dentro.

Quando seus filhos cresceram e o ninho ficou vazio, Betty tomou um ano sabático para se reencontrar. Naquele silêncio encontrou seu verdadeiro chamado. Certificou-se como massoterapeuta, explorou diferentes métodos holísticos e formou-se como Mestra de Reiki no Instituto Internacional de Reiki, nos Estados Unidos. Hoje trabalha também com RST — Terapia de Resposta Espiritual — e com medicina chinesa, e está concluindo sua formação em acupuntura.

Hoje, Betty acompanha mulheres em sessões individuais que ela chama de "Da Pele para Dentro" — um espaço de escuta profunda, reiki e ferramentas holísticas, onde cada mulher encontra sua própria clareza e seu próximo passo. Ela se move de cidade em cidade, de país em país, levando sua magia onde for necessário.

Com raízes ciganas que batem em seu coração nômade, Betty é uma risada contagiante, abraços que curam e a certeza de que nunca é tarde para começar de novo. Aos 75 anos, ela mesma o prova — a cada dia.

---

menghibetty50@gmail.com

CHAVE 03

A contadora que voltou a dançar

ROMINA COSTAMAGNA

Dedico este capítulo às mulheres do mundo ,
independentemente de raça, religião
ou de quantas pessoas sustentam.
Todas conhecemos aquele amor inato que nos move:
cuidar, melhorar o entorno, fazer tudo funcionar.
Todas também conhecemos o esquecimento :
o de nós mesmas.
Este capítulo é para você,
que talvez precise de um espaço,
mesmo com tudo por resolver,
para voltar a si.

CHAVE 03

LA CONTADORA QUE VOLTOU A DANÇAR

I

Abro os olhos às duas da manhã.

A casa está completamente em silêncio — aquele silêncio profundo que só existe quando todo mundo está dormindo. Percebo que estou com a boca seca.

Esqueci de beber água antes de dormir.

Desço, meio adormecida, até a cozinha. O chão está frio. Sirvo dois copos e os bebo quase sem respirar, como se quisesse recuperar o tempo perdido.

Subo de novo. Fecho os olhos, mas já não consigo dormir.

Meu bebê me ouviu. Acordou e quer mamar.

Levanto-me no escuro. Seu corpo ainda está pesado, meio adormecido. Ele se acomoda sem esforço, como se soubesse exatamente onde ir. Lá fora, em Lake Tahoe, a floresta está congelada e a neve reflete uma luz tênue que entra pela janela.

Tudo está em calma.

Menos eu.

Minha cabeça já não é minha. É uma sala de cirurgia.

Ontem: cliente furioso. Hoje: quatrocentas declarações, dez dias, equipe na Argentina, listas, pendências, cenários, respostas.

Não há ninguém me falando. Mas não há silêncio dentro de mim.

Tiro ele do peito.— *"Pronto, você tomou tudo. Agora dorme, por favor"*.

Ele fica bravo. Chora. Agita os braços. Depois volta a dormir.

Eu não.

Fico olhando para o teto. O corpo cansado. A cabeça acesa. Tudo funciona. Eu não.

O despertador toca. 6h30. Meu marido já foi trabalhar.

Me levanto e me troco devagar e levinha, como uma pluma, para que a casa de madeira não range nem acorde o bebê.

O dia não começa. Ele passa por cima de mim.

Tropeço em tênis jogados pelo caminho. A sala parece ter sido usada por outra família durante a noite. Brinquedos, mantas, algo grudento na mesa.

Respiro fundo. Esses são provavelmente os únicos cinco minutos de liberdade que vou ter durante todo o dia.

II

Os cachorros choram na porta. Abro. O ar frio entra de uma só vez.

— Mããäe.

Claro. Já começou.

Abraço um. Levanto outro. O terceiro chora de algum lugar que ainda não localizei.

Ligo a cafeteira. O cheiro tenta salvar alguma coisa.

Três cafés da manhã. Um não quer ovo. Outro só cereal. O bebê joga tudo no chão e amassa com as mãos.

—Mãe. —Mãe. —MÃE

Discord. Uma mensagem. Outra.

A Argentina já está acordada. Meu outro mundo já está em movimento. E eu no meio.

Sinto que alguém está me falando. Não sei quem. Não sei de onde. Mas respondo mesmo assim, por hábito, enquanto, por dentro, ansiava silêncio e um instante de sossego.

Os cachorros arranham a porta de novo.

Enfio salgadinhos, águas e livros nas mochilas. Assino documentos para as professoras. Os menorzinhos choram e brigam porque querem usar o mesmo carrinho. Lá fora está a três graus negativos. Precisam de botas, casacos, gorros e luvas. Os troco. Estamos prontos. O bebê faz cocô. Começo tudo de novo.

III

São 8h07 quando volto de deixar o último na escola.

Tenho 7 minutos antes da primeira reunião do dia.

Corro para o banheiro.

Quando saio, vejo vômito de cachorro no tapete.

Olho para ele. Coloco um guardanapo por cima e continuo correndo para chegar na hora.

Sento na cadeira e começo a maratona de produtividade. Essas serão as únicas horas do dia sem interrupções para resolver as coisas. Passam voando.

A câmera liga. Sorrio. Aceno com a cabeça. Respondo.

Tudo o que digo faz sentido. Tudo o que faço funciona.

Resolvo. Organizo. Dirijo. Sustento.

Durante algumas horas sou tudo o que precisa ser.

Contadora. Empresária. Líder. Estrategista. Mãe à distância pelo WhatsApp.

Tudo funciona. Tudo avança. Tudo depende um pouco de mim.

E no meio disso, há um momento. Pequenininho. Quase invisível.

Tudo funciona. Tudo avança. Tudo depende um pouco de mim.

E no meio disso, há um momento. Pequenininho. Quase invisível.

Em meia hora preciso buscar os menores, que só ficam quatro horas na escola. Tento não colocar atividades à tarde porque eles preferem ficar em casa, com a gente.A infância passa muito rápido e não quero que fiquem o dia inteiro sob os cuidados de outra pessoa.

Isso não muda o fato de que, à tarde, eu também preciso terminar coisas do trabalho — o momento em que o ideal e o possível colidem.

A reunião continua. Eu também. Como se nada tivesse acontecido. Mas algo já se mexeu.

Um desconforto leve. Persistente.

Em que momento confundi sucesso com poder com tudo? E em que momento poder com tudo virou uma forma silenciosa de desaparecer?

IV

Há um vídeo antigo em VHS que aparece de vez em quando em alguma caixa da casa onde cresci, em Córdoba.

Como se quisesse me lembrar de algo.

Nesse vídeo tem uma menina de seis anos de pé na sala.

Antes de começar, ela fala. Explica. Sorri. Faz uma pausa dramática, como se houvesse um público enorme olhando para ela.

E então começa.

Essa menina sou eu.

Quando a vejo agora, noto algo que, naquela época, era simplesmente natural.

Não havia vergonha. Não havia pudor. Havia liberdade.

Era criativa. Curiosa. Intensamente viva.

Inventava brincadeiras. Organizava quermesses. Vendia pulseirinhas no supermercado. Estava sempre criando algo. Estava sempre em movimento.

Depois veio a ginástica rítmica. Horas de treinamento. Competições. Viagens. Disciplina. Cansaço.

Mas também havia música. Brilho. Expressão. Me mover era meu idioma.

Quando olho para trás, vejo aquela menina comendo o mundo.

Falava rápido. Se entusiasmava facilmente. Se tinha música, encontrava um jeito de dançar.

Mas, com o tempo, algo mudou. Aprendi a observar antes de falar. A medir o volume. A ajustar minha intensidade. Entendi que talvez fosse melhor não ser demais.

E toda essa energia encontrou um lugar onde era valorizada: a conquista. A eficiência. A responsabilidade.

Fiquei muito boa nisso. Muito eficiente. Muito capaz. Muito capaz de sustentar tudo... menos a mim.

V

Anos depois emigrei. Construí uma vida. Uma família linda. Uma empresa. Um sistema que funciona.

Por fora, tudo parece admirável.

Uma casa na montanha. Um negócio internacional. Uma equipe em diferentes países.

Mas há uma parte da história que quase nunca é contada.

Os milhares de e-mails pessoais não lidos. As consultas médicas que não marquei. Meu marido está me falando e eu estou respondendo de longe. O bebê chorando enquanto desligo a câmera do Zoom para amamentá-lo em segredo. Como se minha maternidade fosse algo que precisasse ser escondido.

As explicações que preciso dar quando a vida acontece: gravidez, puerpério, doenças, imprevistos. Porque o ritmo não aceita desvios nem atrasos.

Durante muito tempo tentei estar em tudo. Responder tudo. Sustentar tudo.

E o mais brutal não é o cansaço.

É que eu escolhi esse lugar. Eu construí assim. Sem perceber. Acreditando que era assim que se construía o sucesso. Acreditando que o prazer se ganhava. O que primeiro precisava resolver. E depois — só depois — podia desfrutar.

Mas o depois nunca chega.

E o pior é que eu mesma perpetuei essa armadilha.

Como contadora, ajudei a construir sistemas eficientes para centenas de empresas. Mas nunca parei para me perguntar: "Eficiente para quem? A que custo?

Como mulher, sustentei minha casa, meus filhos, meu marido — mas nunca me sustentei.

Como imigrante, provei que conseguia fazer sozinha. Mas "conseguir sozinha" não é o mesmo que "estar bem".

Como mãe, me entreguei completamente à criação respeitosa, ao parto consciente, ao aleitamento prolongado — mas nunca me perguntei se eu também merecia esse respeito, essa consciência, esse cuidado.

Dediquei minha vida a ser a facilitadora do sistema que tanto criticou.

Trabalho preenchendo formulários para o governo. Respondo ao sistema que faz mal. E não aguento.

Mas aqui está a maior contradição: Não posso simplesmente ir embora. Não posso explodir tudo e começar do zero.

Porque vinte pessoas dependem de mim. Mil famílias confiam em mim. Três filhos precisam de mim.

Então, o que faço?

Como saio dessa armadilha sem destruir o que construí?

Lá fora, a floresta. A neve. O sol entrando pela janela.

Me mudei para diminuir o ritmo. Mas por dentro... tudo continua igual.

VI

Há alguns dias aconteceu algo muito simples. Havia uma bola jogada na sala entre dezenas de outros objetos. Dessa vez me concentrei só na bola. A peguei sem pensar. Passei de uma mão para a outra. E algo mudou.

Não foi uma ideia. Não foi um pensamento. Foi o corpo.

Meu corpo se lembrou antes da minha cabeça.

Deixei rolar pelo braço. Senti a pelle. A pressão suave. A coordenação apareceu sozinha. Não estava procurando por ela. Estava lá.

A bola desceu pelas minhas costas. Deixei cair. A peguei com um giro. A joguei para cima. Por um segundo, a perdi no ar. E quando voltou à minha mão...ri. Não dê algo engraçado. De algo vivo. Respirei diferente. Mais devagar. Mais fundo. O tempo mudou. Não havia objetivo. Não havia resultado. Não havia nada a provar.

E por um momento... parei de ser tudo o que sou para os outros. Não era mãe. Não era contadora. Não era empresária. Não era esposa.

Era movimento.

Cinco minutos. Cinco.

Cinco minutos en los que votei a existir.

VII

É isso que muda tudo. Não os sistemas. Não há eficiência. Não há disciplina.

Mas esses momentos.Pequenos. Invisíveis. Inegociáveis.

Durante anos acreditei que o prazer viria depois. Depois de resolver. Depois de sustentar. Depois de cumprir.

Mas o depois não existe.

É uma vida sem pausas, sem brincadeiras, sem prazer... não quebra de uma só vez.

Se apaga em silêncio.

Não preciso mudar minha vida. Preciso voltar a habitá-la.

VIII

Ainda tenho três filhos. Ainda há e-mails sem resposta. Ainda há dias longos.

Mas algo mudou.

Estou aprendendo a fazer uma coisa a menos. A delegar uma a mais. A pedir ajuda.

Estou aprendendo a me dizer: "Você foi bem!"

Estou aprendendo que meu corpo não é uma ferramenta. É minha casa.

E que voltar a ele — mesmo que por cinco minutos — pode mudar completamente uma terça-feira.

IX

Naquela noite voltei para a sala. A casa estava em silêncio. Mas não era o mesmo silêncio. Era mais leve.

A bola ainda estava no chão. A peguei. Rolou pelo meu braço. A joguei. A peguei.

Não havia música. Não havia ninguém olhando. Só movimento. Só brincadeira. Só eu.

Pensei naquela menina de seis anos. Pensei em tudo o que construí. Em tudo o que sustentei.

E em tudo o que, sem perceber, tinha deixado adormecido.

Sorri.

Não, porque tudo estava resolvido. Mas porque algo dentro de mim tinha voltado a se mover.

Às vezes voltar a dançar não significa mudar de vida. Às vezes significa lembrar quem você era antes de se esquecer.

Mas há algo que entendi naquela noite.

Não foi a bola. Não foi o movimento.

Foi isso:

Que esses cinco minutos não eram um luxo. Eram uma necessidade.

Durante anos sustentei minha vida... mas não sustentei o que a fazia sentir viva.

A bola ainda está na sala. Às vezes a pego. Às vezes não.

Mas agora sei algo que antes não sabia:

Não preciso de mais tempo. Preciso de permissão para voltar.

E isso... pode começar em um minuto.

✦ ✦ ✦

Fecho este capítulo e não sei bem em que momento ocorreu.

Não foi uma ideia.

Não foi uma frase.

Foi algo mais sutil.

Algo que não faz barulho, mas se sente.

Como quando o corpo afrouxa depois de ficar tenso por tempo demais. Como quando você respira fundo e percebe que fazia tempo que não fazia isso.

Se você chegou até aqui, provavelmente não é por acaso.

Provavelmente tem algo na sua vida que funciona.

E mesmo assim... tem algo que não funciona.

Talvez você seja a que sustenta.

A que resolve.

A que não para.

A que dá conta de tudo.

E talvez, em algum momento em que você não soube ver, tenha começado a desaparecer um pouco.

Não de uma vez.

Não de forma dramática.

Em silêncio.

No cotidiano.

No es eficiente.

Não, correto.

No que tinha que ser feito.

Até que um dia você se encontra vivendo uma vida que, por fora, parece bem... mas, por dentro, parece distante.

Lejos de vos.

Distante de você.

Não escrevi isso para você mudar sua vida.

Nem para fazer mais.

Nem para se tornar alguém diferente.

Escrevi para te lembrar de algo que você provavelmente já sabe, mas faz tempo que não ouve:

Não te falta nada.

Você não está quebrada.

Você não chegou tarde.

Você apenas foi embora.

Um pouco.

E pode voltar.

Não, quando tiver tempo.

Não, quando tudo estiver resolvido.

Não, quando for o momento perfeito.

Agora.

Em algo pequeno.

Em algo mínimo.

Em algo que não precise servir para nada.

Um minuto.

Uma pausa.

Uma respiração. Um gesto.

Um movimento.

Algo que não tenha resultado.

Algo que não tenha testemunhas.

Algo que você não precise explicar.

Porque não é nas grandes mudanças que a vida se recupera.

É nesses momentos quase invisíveis que você volta a se sentir.

Onde algo afrouxa. Onde algo se organiza. Onde algo... volta.

E então acontece.

Não como uma explosão.

Não como uma conquista.

Mas como um regresso.

Um regresso a você.

Ao seu corpo.

Ao seu ritmo.

À sua forma. '

Àquele lugar onde você não precisa provar nada.

Onde não precisa sustentar nada.

Onde não precisa dar conta de tudo.

Sua casa.

E nesse lugar... já não há duas versões de você.

Não há quem faça nem quem espere.

Não a que sustenta e a que se perde.

Se uniram.

Se encontraram.

Se reconheceram.

E finalmente... você pode descansar.

Não porque tudo está resolvido. Mas por que você voltou.

E quando você volta... tudo encontra seu lugar.su lugar.

ROMINA COSTAMAGNA

Romina Costamagna: a bruxa corporativa que volto a dançar.

Há pessoas que, quando entram numa sala, algo muda.

Não, porque fazem barulho. Mas porque trazem algo com elas que é difícil de nomear — uma combinação rara de fogo, precisão e ternura que faz com que, de repente, tudo pareça mais possível.

Romina Costamagna é uma dessas pessoas.

É contadora pública, empresária, instrutora de yoga e mãe de três meninos. Fundou e dirige uma firma contábil nos Estados Unidos com uma equipe internacional e quase mil clientes. Tem a capacidade de olhar para o caos mais complexo e transformá-lo em um sistema, de pegar o que não funciona e fazê-lo funcionar — com uma velocidade e uma clareza que desarmam.

Mas isso é o que ela faz. O que ela é é outra coisa.

É a mulher que te escuta e, em duas frases, nomeia exatamente o que você não consegue dizer. A que não te dá respostas arrumadas, mas verdades incômodas, ditas com tanto carinho que não doem — ou doem, mas as que curam. A que está no meio do seu próprio caos — três meninos, uma empresa, uma vida inteira para sustentar — e, ainda assim, tem algo a dar. Não, porque sobra. Mas porque aprendeu que dar a partir do excedente é diferente de dar a partir do sacrifício.

Aprendeu isso na marra.

Durante anos construiu para fora com uma precisão extraordinária. E foi deixando para depois tudo o que era seu: a dança, o movimento, o prazer, a brincadeira. O de dentro. Quando percebeu, não se reconhecia.

O que fez com isso não foi se reinventar. Foi algo mais corajoso: voltar. A ela mesma. Sem jogar fora nada do que construiu. Integrando o que sempre pareceu oposto — a contadora e a bailarina, a eficiência e a magia, o mundo corporativo e o mundo selvagem.

Hoje cria a partir desse lugar. E o que cria tem essa mesma textura: honesta, direta, sem filtros, com fogo.

Não vai te dizer o que você quer ouvir. Vai te dizer o que você precisa. E vai fazer isso de um jeito que te faça sentir que alguém finalmente te viu — não o papel que você cumpre, mas você.

É isso que mais muda a vida das mulheres que a conhecem.

Não é um método. Não é uma solução.

É que alguém as vê. E lembra que a Rainha sempre esteve lá.

Contadora. Bailarina. Mãe de três. Bruxa corporativa em construção.

Romina Costamagna · https://www.instagram.com/bruja_corporativa/

CHAVE 04

A mulher por trás da armadura

Quando uma mulher se sente segura, ela eclipsa as dúvidas

ANNETTE CRUZ-PADILLA

Isto é para a mulher que segurou
tudo para todo mundo.
Aquela que sabe como performar,
entregar e se superar — mesmo
quando ninguém vê o custo.
Aquela que aprendeu a se manter forte...
mas está silenciosamente se perguntando:
"Em que momento eu também
mereço me sentir apoiada?"
Eu te vejo. Vejo a disciplina. A resiliência.
A forma como você continua
aparecendo — mesmo quando
seu corpo pede algo diferente.
Este é o seu convite para voltar.
Para a sua voz. Para o seu ritmo.
Para a versão de você que
não precisa provar,
se esforçar ou performar
para ser digna.
Você não está atrasada.
Você não é demais.
Você não está pedindo demais.
Você está se lembrando.
E isso muda tudo.
Com respeito, com verdade
e com Poder Silencioso
Isto é para você.

CHAVE 04

A MULHER POR TRÁS DA ARMADURA

Seção I — O primeiro ato de coragem

Eu tinha entre sete e oito anos quando, pela primeira vez, quis que a agonia terminasse.

Não era que eu quisesse morrer, mas sim que não sabia como continuar a viver com tanta dor num corpo tão pequeno. Não tinha palavras para o que carregava — só sabia que seu peso era maior do que eu conseguia suportar. Tomei uma decisão que a maioria das crianças de sete anos nunca deveria ter de tomar.

Escolhi viver "Com Coragem" e sustentar espaços para que a ousadia e a bravura florescessem.

Naquele momento — sozinha, no escuro, à beira do lugar mais assustador a que uma menina pode chegar — senti algo. Uma presença. Um sussurro tão quieto que só poderia ter vindo de dentro de mim ou de algo muito maior do que eu.

Dizia: "Sua vida importa, e você é uma centelha da própria vida."

E fiz uma promessa. A partir dali, seria destinada a ser um catalisador de ação sincera e criativa.

E acordei na manhã seguinte com a esperança de um novo dia. Fiz um compromisso com meu criador: fazer minha vida brilhar intensamente. Não só para mim. Para cada pessoa cujo caminho eu um dia cruzaria. Não sabia, então, que estava tomando uma decisão geracional. Não sabia que uma menina pequena, numa noite assustadora, estava plantando uma semente que um dia cresceria até se tornar três décadas de serviço, uma metodologia, uma missão — e estas palavras, neste livro, chegando até você.

Só sabia que algo em mim se recusava a se apagar.

Esse é o primeiro ato de coragem. Não é o mais barulhento. Não é o mais visível. É o mais silencioso — o que acontece no escuro, sem plateia, sem aplausos, sem garantias. Apenas uma alma que decide que sua vida tem um propósito que ainda não descobriu.

Se você está lendo isso, acredito que também já tomou essa mesma decisão silenciosa pelo menos uma vez na vida. Talvez não se lembre. Mas você está aqui.

Isso significa que parte de você também escolheu ficar. Em algum lugar dentro de mim, percebi que precisava assumir 100% da responsabilidade pelas minhas próprias decisões e que merecia experimentar a felicidade todos os dias.

Este capítulo é para você.

***

Seção II — O labirinto

Durante quase trinta anos, servi.

Servi como oficial, negociadora de crises, mentora, líder, mãe, ponte entre mundos. Fui a tradutora da minha família: do inglês ao espanhol, do mundo ouvinte ao surdo, da linguagem institucional à humana. Era quem mantinha a sala unida quando tudo desmoronava. Sempre aparecia. Por todos.

E em algum lugar de toda essa presença, desapareci.

Não de forma dramática, nem de uma só vez. Como uma vela perdendo-se a si mesma: lenta, silenciosa, dando luz até se esgotar. Despejei tudo no dever, no serviço, em ser indispensável. Meu corpo, fiel testemunha, registrou tudo o que me recusei a sentir.

Pesava mais de 135 quilos. Tinha apneia do sono, pressão arterial alta e fadiga crônica. Tinha aperfeiçoado a arte do blindamento: rosto profissional, voz serena, mãos firmes. Sabia sustentar os outros em crises, mas não a mim mesma.

O que eu não sabia era como sustentar o espaço para mim mesma.

Aqui está a imagem que captura isso com mais precisão: eu dirigia com o acelerador no fundo e, ao mesmo tempo, pisava no freio com toda a força.

A toda velocidade. Parada. Ao mesmo tempo.

Se você já sentiu seu corpo funcionando com adrenalina enquanto sua alma gritava pedindo descanso, sabe exatamente do que estou falando. Isso não é uma metáfora. É uma realidade fisiológica que os grandes realizadores, os primeiros socorristas, os executivos e os cuidadores vivem todos os dias.

O corpo não é silencioso. Nunca foi. Ele fala de fadiga, de oscilações de peso, de insônia, da dor no peito que me parou numa tarde na sala de descanso do trabalho. Não chamei ninguém. Sentei e rezei.

Me dá uma segunda chance.

E ela veio. Mas as segundas chances vêm com uma responsabilidade que já não pode ser ignorada.

O labirinto não é um lugar onde você cai de repente. É um lugar que você constrói, tijolo a tijolo, cada vez que escolhe o dever acima do desejo, o rendimento acima da presença, as necessidades de todos os outros acima da voz quieta da sua própria alma. A maioria das pessoas no labirinto nem sabe que está lá. Chamam isso de responsabilidade. Chamam de força. Chamam de "quem eu sou."

Era mais uma simulação de vida.

Não era uma vida presente nem intencional, mas a atuação de viver executada com excelência, enquanto a vida real — com sentimento, descanso, desejo e alegria — esperava por trás da armadura.

***

Seção III — O momento sem retorno

Não me lembro da data exata. Mas me lembro dos olhos.

Eu estava num momento de raiva desencadeada por anos de TEPT (Transtorno de Estresse Pós-Traumático) — construída em anos de estresse comprimido, dor não processada, insônia e um esgotamento até os ossos que nem a cafeína nem a força de vontade conseguiam mais resolver. Estava à beira do colapso total. A frustração não tinha para onde ir.

E levantei os olhos.

Meus filhos me olhavam com medo nos olhos.

Aquele medo.

Eu conhecia aquele medo. Tinha carregado ele eu mesma quando criança, olhando para os meus próprios pais — voláteis, imprevisíveis, capazes de calor num momento e de devastação no seguinte. O Dr. Jekyll e Mr. Hyde morando sob o mesmo teto. Nunca sabíamos quem ia entrar pela porta. E essa incerteza — esse estado crônico de não saber se você estava segura — deixa uma marca no sistema nervoso de uma criança que não desaparece com o tempo.

Eu sabia exatamente como era ser pequena e ter medo da pessoa que supostamente deveria ser o seu lugar seguro.

E naquele momento — não gradualmente, nem depois de uma terapia, de um workshop ou de um livro —, naquele único momento suspenso, algo em mim se abriu.

"Não vou passar isso aos meus filhos. Me comprometo a sarar isso. E a transformá-lo para melhor".

Não foi um sussurro dessa vez. Foi uma decisão clara e definitiva, tão forte e duradoura quanto a que a menina de sete anos tomou no escuro.

Não ia contar essa história aos meus filhos. Queria modelar estratégias saudáveis para lidar com essas circunstâncias. Queria mostrar a eles como desescalar situações emocionais e desenvolver habilidades de comunicação e a capacidade de se conectar com as pessoas de forma humana e compassiva.

Queria que soubessem como a segurança se sentia. Um lugar dentro de si mesmos que parecesse um lar, onde quer que a vida ou as circunstâncias os encontrassem.

Porque foi isso que compreendi naquele momento: o trauma não se anuncia.

Não carrega uma placa. Ele se move pelas famílias como uma corrente invisível, moldando comportamentos, repetindo padrões, criando em nossos filhos exatamente as feridas que juramos que nunca lhes daríamos. Não porque sejamos pessoas más.

Mas por que somos pessoas não examinadas.

Porque sobrevivemos em vez de florescer.

Porque ninguém nos mostrou como fazer algo diferente.

Eu ia ser quem parasse isso.

Essa decisão — tomada num momento de fracasso imperfeito, humilhante, muito humano — tornou-se o alicerce de tudo o que ensino agora. Não em histórias de sucesso, nem em negociações vencidas, nem em crises resolvidas, nem em títulos obtidos.

Este momento.

Este momento quebrado, necessário, sagrado.

Isso chamo de "*momento sem retorno.*" E acredito que toda pessoa que está verdadeiramente pronta para se transformar tem um. Talvez você já tenha tido o seu. Ou talvez esteja por vir.

De qualquer forma, quando chegar, não desvie o olhar.

Esse momento não é o seu ponto mais baixo.

Esse momento é a sua linha de largada. Bem-vindas às sementes da autodescoberta: acenda aventuras e atreva-se a sonhar com potencialidades e possibilidades, com gratidão.

***

Seção IV — O discernimento

Não existe pílula mágica.

Preciso que você ouça isso antes de qualquer outra coisa, porque vivemos num mundo que vende transformação em 30 dias, cura num fim de semana e iluminação num aplicativo. E entendo o apelo. Quando você está em dor há muito tempo, quer alívio. Você merece o alívio.

Mas o atalho não existe — e fingir que sim é uma das coisas mais cruéis que nossa cultura faz com quem genuinamente tenta mudar.

O que existe, em vez disso, é o discernimento.

E o discernimento é uma prática diária.

Seu corpo e sua psique estão sempre em comunicação. Eles têm falado com você a vida toda. O problema não é que tenham parado — é que você parou de escutá-los. O barulho ficou alto demais: dispositivos eletrônicos, redes sociais, política, opiniões alheias morando no seu sistema nervoso. Obrigações que se multiplicaram até que a sua própria voz se tornou a mais silenciosa da sala.

A soberania — a verdadeira soberania — começa quando você decide que sua voz interior merece ser ouvida acima do barulho.

Quando você se sente segura no seu corpo.

Quando você se recusa a ser diminuída — pela crueldade, pelo desprezo, por qualquer pessoa que alguma vez lhe disse que sua voz é demais ou não é suficiente.

E a partir desse lugar de segurança, você começa a encontrar suas vibrações saudáveis.

A sua frequência — única e inconfundível.

Isso exige algo que nossa cultura subestima profundamente: a disposição de sentar-se consigo mesma no seu desconforto. Não para consertá-lo imediatamente. Não para medicá-lo, nem rolar além dele, nem superá-lo correndo. Mas para sentar com ele tempo suficiente para ouvir o que ele está tentando te dizer.

Dentro desse desconforto, se você for paciente e honesta o suficiente para ficar, vai encontrar o seu GPS interior.

O que sempre conheceu sua verdadeira direção. O que se afoga em meio a tudo o mais. O que esperou, com paciência extraordinária, foi que você finalmente se aquietasse o suficiente para escutar.

Esse é o trabalho que faço com as pessoas. Não dar respostas. Ajudá-las a localizar o sinal sob o ruído. Compreender não só o que você faz, mas também por que faz. Qué te impulsa? O que te paralisa? O que se torna possível quando você finalmente para de lutar contra si mesma?

E aqui há algo que mudou tudo para mim nesse caminho:

Os sentidos não são apenas experiências físicas.

Os sentidos são portais para novas realidades.

E esses portais incluem a sensualidade. A intimidade em suas múltiplas dimensões. A expressão segura e soberana de quem você é como ser humano completamente vivo — incluindo a sua sexualidade —, sustentada dentro de limites saudáveis e autodefinidos.

As mulheres foram sistematicamente desconectadas da própria sensualidade — a não ser que ela seja embalada, comercializada ou vendida de volta a nós. Como se nossos desejos, nosso prazer, nossa vivacidade encarnada só fossem válidos quando servissem ao propósito de outra pessoa. Como se fôssemos criaturas imaginárias — etéreas, decorativas, intocáveis — ou como se nos reduzissem ao extremo oposto.

Mas não somos nem uma coisa nem outra.

Somos reais.

Somos inteiras.

Somos mulheres que têm permissão para saber o que queremos, sentir o que sentimos, habitar nossos corpos com dignidade e deleite — sem culpa, sem vergonha, sem pedir permissão.

Reivindicar a sua sensualidade não é um capricho.

É soberania.

A maioria das pessoas se move pela vida olhando o mundo por trás do vidro. Você pode ver tudo do lado de trás do vidro. Pode testemunhar a beleza, a dor, a possibilidade, a transformação. Mas testemunhar não é o mesmo que experimentar.

E experimentar não é o mesmo que integrar.

Até que você realmente cruce o portal — até que deixe o aroma de um óleo essencial desbloquear uma memória que sua mente tinha enterrado, até que deixe o silêncio ficar tão alto que você consiga ouvir seu próprio coração bater, até que deixe seu corpo falar sem traduzi-lo imediatamente para a lógica — você está vendo a sua vida em vez de vivê-la.

A experiência constrói sabedoria.

A sabedoria não pode ser baixada.

Só pode ser vivida.

E, por isso, você também não pode fazer isso sozinha. Porque seus pontos cegos são invisíveis para você por definição. É isso que os torna pontos cegos. Você precisa de um ser humano de confiança que se pareça com você — não de um algoritmo, nem de um podcast, nem de um livro de autoajuda por si só. Mas alguém que segure o espelho e te ajude a ver o que você não consegue ver por si mesma.

Quando você encontra essa pessoa e faz o trabalho e senta no desconforto por tempo suficiente para ouvir o seu GPS interior — o que emerge não é uma nova você.

É a sua original.

A que sempre esteve lá, por baixo do blindamento: a atuação, os padrões de sobrevivência, o peso das expectativas alheias.

Essa versão de você tem esperado.

Com paciência.

Para exatamente este momento. "**A Centelha.**"

***

Seção V — O convite

Quero falar diretamente com você agora.

Com você — que deu trinta anos, ou vinte, ou dez — a uma carreira que exigiu tudo.

Com você — que apareceu para sua família, sua equipe, sua comunidade, seu país — e, silenciosamente, esqueceu de aparecer para si mesma.

Com você — que é bem-sucedida por qualquer medida externa e está secretamente esgotada de um jeito que o sucesso não consegue resolver.

Você não está quebrada. Possivelmente está esgotada, sobrecarregada e paralisada sem saber por onde começar. É uma honra para mim ter sido conselheira e mentora de confiança, e conto com muitas certificações. Estou no meu lugar feliz ajudando líderes sinceros a encontrar suas novas coordenadas para uma vida plena.

Você não é complicada demais, ferida demais, velha demais, nem está longe demais. Você é um ser humano de alto desempenho cujo sistema nervoso vem executando um padrão de sobrevivência há tanto tempo que esqueceu que existe outra forma de operar.

O padrão não é você.

O padrão é algo que você aprendeu.

E tudo o que se aprende pode ser desaprendido — quando você tem o suporte adequado, as ferramentas certas e a disposição honesta para fazer o trabalho.

Florescer não é um luxo.

Florescer não é egoísmo.

Florescer é a coisa mais corajosa e generosa que você pode fazer — por si mesma, pelas pessoas que ama, pelas gerações que estão te olhando agora mesmo e aprendendo com tudo o que você faz e com tudo o que você não faz.

Quando você floresce, mostra aos seus entes queridos e filhos como tomar decisões saudáveis a partir de um lugar de plenitude, em vez do medo.

Quando você floresce, mostra à sua equipe como é a liderança quando vem da soberania em vez da sobrevivência.

Quando você floresce, quebra ciclos que vêm rodando na sua linhagem por gerações — ciclos de silêncio, de apagamento de si mesma, de acreditar que florescer é algo que acontece com outras pessoas.

Você pode ser quem for para isso.

Você pode ser a ancestral para quem seus descendentes vão olhar para trás e dizer: "***Ela foi quem mudou tudo***".

Sei disso porque vivi. Sei disso porque fui a menina de sete anos no escuro que fez uma promessa, e passei trinta anos aprendendo — de forma imperfeita, dolorosa e linda — como cumpri-la. Sei disso porque meu DNA está literalmente na lua agora, selado dentro de um projeto de legado que sobreviverá à minha vida e talvez a tudo mais, e quando olho para essa lua penso naquela menina e digo:

Você conseguiu. Você deu sentido a isso. E agora está construindo um legado de amor.

E sei disso porque o trabalho continua. Todo el día. Não, porque eu cheguei. Mas por que voltar a si mesma não é um destino. É um ato diário de coragem.

É a Oração da Serenidade vivida em voz alta — a sabedoria de saber o que posso controlar, o que não posso, e a graça de conhecer a diferença.

É a oração de São Francisco — Senhor, faze-me instrumento —, não da minha própria agenda, mas de algo maior, algo mais verdadeiro, algo que serve.

Você foi o instrumento de todos os outros por tempo suficiente.

É hora de ser o instrumento do seu próprio devir.

***

Fechamento — Um momento para você

Antes de virar a página, quero te convidar para um momento de reflexão honesta.

Não há atuação. Não, as respostas que você acha que deveria ter.

Só você e a sua verdade.

Encontre um lugar tranquilo. Respire. E se pergunte:

1. Que parte de mim tenho deixado para depois — há tanto tempo que quase esqueci que existe?

2. Que padrão vejo repetindo-se na minha vida e que, em segredo, reconheço ter começado muito antes de mim?

3. Qué significaría — realmente significaría — florescer? Não ter sucesso. Não atuar. Florescer.

4. O que meu corpo tem tentado me dizer e que tenho estado ocupada demais para ouvir?

5. Se eu pudesse tirar as vendas e ver minha vida com olhos completamente frescos, o que eu me permitiria, finalmente, querer? E quais passos concretos posso dar hoje?

Não há respostas certas.

Só existe a sua honestidade.

E a sua honestidade é o começo de tudo.

Se algo nestas páginas te moveu — se você se sentiu reconhecida, desafiada ou chamada para frente —, quero que saiba que esta não é a conversa que termina aqui.

É o começo de uma.

Seria uma honra sustentar um espaço seguro para você no seu caminho rumo ao florescer — rumo a aspirar a uma vida em que todos ganham, em que a sua cura se torna a sua maior contribuição.

Você pode me encontrar em **www.ursobusted.com**

Estarei lá. Pronta para te ajudar a encontrar o seu GPS interior, tirar as vendas e cruzar o portal rumo à vida que tem esperado por você.

Porque você ainda não terminou.

E o melhor do que você é capaz — ainda está por vir.

ANNETTE CRUZ-PADILLA

Annette Cruz-Padilla passou mais de duas décadas em lugares a que a maioria das pessoas nunca entra — negociando com pessoas em crise, navegando pelo comportamento humano em sua forma mais crua e sem filtros, e aprendendo algo que nenhum livro poderia ensinar: que o que as pessoas mais precisam, em seus momentos mais sombrios, é alguém que não vai pestanejar.

Ela não apenas segurou aquelas situações. Ela segurou as pessoas nelas.

Agora, ela leva essa presença marcante a mulheres de alto desempenho que operam silenciosamente no limite — brilhantes no que fazem, mas que perderam o caminho de volta a si mesmas. Seu trabalho não é consertar você. É ajudá-la a curar sua própria melhor vida — nos seus termos, no seu ritmo, de dentro para fora.

Trabalhar com Annette é como sentar com a tia que entende — aquela que olha nos seus olhos, diz a verdade com amor e faz você sentir que tudo vai ficar bem. E depois ajuda a construir o plano para tornar isso real.

Ela tem o dom de pegar o que parece emaranhado — o problema de negócios, a encruzilhada pessoal, aquela coisa que você não consegue nomear — e virá-lo até que a solução fique clara. Não há qualquer solução. A certa. Aquela que se encaixa na sua vida, nos seus valores, na sua energia.

Seu trabalho está enraizado no que ela chama de Poder Silencioso: uma forma de liderança enraizada e incorporada, construída sobre regulação em vez de reação, alinhamento em vez de aprovação e sustentabilidade em vez de esgotamento. Não se trata de se esforçar mais. Trata-se de se mover a partir de um lugar que realmente apoia a vida que você está construindo.

Uma latina californiana com raízes profundas na comunidade, no serviço e na sabedoria que só vem de caminhar ao lado das pessoas, por meio de dores reais — incluindo as mulheres que ela continua a acompanhar dentro de instituições correcionais —, Annette carrega um tipo de autoridade que você sente antes mesmo de ela falar. Não é intimidante. É magnético.

Ela ama intensamente. Ela enxerga com clareza. E passou toda a sua vida garantindo que as pessoas à sua frente fossem embora melhores do que quando chegaram.

Treinada nas metodologias de Tony Robbins, School of Abundance e Ajit Nawalkha, do Evercoach, Annette traz décadas de sabedoria de campo para seu trabalho — não apenas como praticante, mas também como alguém que viveu cada camada do que ensina. Ela não é uma coach. Ela é uma Mentora no verdadeiro sentido da palavra: uma mulher cujo conhecimento foi forjado na experiência, cujo discernimento foi conquistado em campo e cuja presença, por si só, tem o poder de transformar uma sala.

Se você estava esperando por alguém que combina precisão estratégica, o calor de família e o tipo de sabedoria que só vem de uma vida inteira de serviço — você não estava esperando por qualquer guia.

Você estava esperando por Annette.

---

www.ursobusted.com

CHAVE 05

Enquanto Isso

ADRIANA RAABE

Dedicado à mulher
que fez tudo certo e
ainda sente
que algo está faltando.

CHAVE 05

ENQUANTO ISSO

Seria tão fácil voltar.
Ficar.
Fingir.

Voltar, ajustar-se, agir como se nada tivesse mudado. Como se eu não tivesse mudado.

Mas a realidade era que a parte fácil tinha se tornado cada vez mais difícil de sustentar. Já não era simples interpretar aquele papel. O papel que interpretei e dominei durante tantos anos, que sempre me pareceu tão natural, de repente deixou de me servir.E ali estava eu. Não em uma crise específica, mas na lenta soma de manhãs. Parada diante do espelho, com aquela sensação incômoda de estar em uma encruzilhada. Na superfície, nada estava errado na minha vida. Eu tinha uma carreira de sucesso, estabilidade financeira e uma vida que fazia sentido para quem me cercava.

Mas algo dentro de mim — constante, persistente, impossível de ignorar — sabia que isso não era.

Como cheguei até aqui?

Quando você olha uma vida de fora, muitas vezes parece que ela foi se desenvolvendo numa linha longa e contínua. Uma série de passos lógicos. Uma progressão sensata de A para B para C.

Mas, quando olho para a minha, para trás, não parece uma linha reta de jeito nenhum. Parece mais uma rodovia com dezenas de pequenas saídas. Curvas menores. Decisões pequenas. Escolhas que, no momento, pareceram temporárias, práticas e inofensivas.

Decisões que diziam: "**Por enquanto, isso serve.**"

Essa é a história que quero te contar. Não é a história de uma queda dramática e de uma ascensão triunfal. Mas a história mais silenciosa e mais universal de como construímos vidas que não escolhemos de verdade — uma pequena decisão provisória de cada vez.

I. AS DECISÕES QUE NÃO TOMAMOS DE VERDADE

Ninguém decide construir uma vida que não quer.

Mesmo assim, a maioria de nós faz isso. Não por descuido. Não por falta de sonhos. Em algum ponto, passamos a decidir de outro modo — não movidas pelo desejo, nem por uma visão clara de quem queremos ser, mas pela lógica do que parece fazer sentido agora.

Aceitamos uma oferta de emprego porque recém-nos formamos e ela está ali. Ficamos numa casa porque o contrato já está assinado. Continuamos por um caminho porque já percorremos tanto que dar meia-volta parece desperdiçar tempo.

Tomamos decisões enquanto isso. Decisões temporárias. Decisões práticas. Decisões que, no fundo, são apenas uma forma de seguir em frente sem ter de responder à pergunta mais difícil.

A pergunta mais difícil é: *o que eu realmente quero?*

Conheço esse padrão intimamente porque o vivi durante quase trinta anos.

Aos dezoito anos, parada no setor de matrículas da universidade com um formulário em branco nas mãos, pensei no meu pai. Ele tinha estudado administração de empresas e se deu bem. Negócios soavam práticos. Era razoável. Uma resposta sensata à pergunta sobre o que estudar quando você não sabe o que quer fazer com o resto da vida.

Então selecionei Administração de Empresas. Não porque me chamava. Não porque eu tivesse uma visão. Mas porque era o óbvio quando você não tinha ideia do que mais escolher — e porque assumi, com a confiança inocente de uma jovem de dezoito anos, que, eventualmente, descobriria o que realmente queria.

Ou, eventualmente, nunca chegou de verdade. Mas as consequências daquele formulário chegaram — silenciosas, imediatas e durante anos.

Alguns anos depois, recém-formada com um diploma em negócios e ainda sem um rumo mais claro, eu trabalhava meio período como professora de inglês quando meu pai viu um anúncio de emprego. A Procter & Gamble estava abrindo um grande escritório na Costa Rica. Estavam contratando.

Me candidatei. Principalmente porque pensei: *por que não?*

Consegui o emprego. Ele vinha com seis meses de treinamento em Cincinnati, Ohio. Ainda me lembro de chegar lá e sentir que algo se abria dentro de mim. Uma cidade nova. Independência real pela primeira vez. A sensação de que aquele poderia ser o começo da vida real que eu tinha esperado viver. Voltei para casa feliz.

E então, devagar, quase sem perceber, caí de novo no hábito de seguir em frente sem nunca me perguntar para onde ia.

II. COMO O ENQUANTO ISSO SE TORNA A SUA VIDA

Isso é o que ninguém te diz sobre as decisões tomadas enquanto isso:

Elas não ficam temporárias.

Se acumulan. Se conectan. Cada uma vai estreitando o caminho, silenciosamente, e faz com que a próxima decisão seja um pouco mais predeterminada do que a anterior. A carreira que você escolheu determina os amigos que você faz, os estágios que consegue e o setor em que trabalha. O primeiro emprego molda o segundo. A cidade para a qual você se mudou torna-se o centro de toda a sua vida.

Uma pequena saída na rodovia. E depois outra. E outra.

Depois de Cincinnati, continuei trabalhando — em empresas diferentes, em cidades diferentes, em cargos diferentes. Trabalhei em organizações que você provavelmente reconheceria, como empresas da Fortune 500, em funções com responsabilidades e resultados reais. Nesse período, fui promovida e entreguei resultados. Houve anos que pareceram empolgantes, momentos em que pensei genuinamente: *é isso! Uau, essa é a minha vida!*

Depois me mudei para Chicago, que parecia a maior oportunidade até então. Uma cidade nova, pessoas novas, um novo começo.

Amava a cidade, mas o trabalho era implacável. Saía antes do amanhecer para evitar o trânsito e passava o dia sob enorme pressão. Chegava em casa tão esgotada que mal jantava. Crescia profissionalmente — vejo isso claramente agora —, mas também desmoronava silenciosamente de maneiras para as quais não estava pronta. O peso veio aos poucos. A energia se esvaiu. Crescia a distância entre quem eu parecia ser e quem eu era de fato.

Quando finalmente voltei para a Costa Rica, parecia um castigo. Não tinha planejado voltar. Aluguei um apartamento pequeno — só por um tempo, me disse. Uma solução prática enquanto descobria o que viria depois.

O plano era ficar por um tempo enquanto minha casa estava alugada. Isso foi há mais de dez anos.

As decisões tomadas nesse período não apenas moldam sua carreira. Moldam sua identidade. Cada escolha prática acrescenta uma camada à pessoa que você se torna — perceba isso ou não.

A mulher que trabalha muito. A mulher que entrega resultados. A mulher bem-sucedida no papel. Não a desenhei conscientemente. Ela foi se formando com pequenas decisões práticas. Assim ficou sólida o suficiente para parecer a verdade sobre quem eu era.

III. O PESO LENTO DE UMA VIDA QUE PARECE BEM NO PAPEL

O estranho de viver uma vida construída enquanto isso não parece uma crise. Não há um momento dramático em que tudo desmorona. Parece cansaço.

Um cansaço específico que não tem nada a ver com o sono. É o cansaço de interpretar uma versão de si mesma durante todo o dia. De acordo e colocar uma identidade como quem veste um terno — porque é o que você usa nessa vida, mesmo que sejam anos em que ele parou de servir.

Durante muito tempo nem reconhecia isso como tal. Pensei que estava apenas ocupada. Pensei que todas se sentiam assim. Pensei que era simplesmente o preço do sucesso.

Sabia, em teoria, que algo precisava mudar. Cheguei a estudar isso. Me inscrevi em programas de nutrição, me certifiquei em PNL, coaching e meditação, fui a eventos de desenvolvimento pessoal, consumi tudo o que pude encontrar sobre transformação, mentalidade e identidade.

Aprendi toda a teoría. E então, em grande parte, fiquei exatamente onde estava.

Porque isso é o que mais demorei para admitir, até para mim mesma:

A vida que havia construído enquanto isso também era um esconderijo.

O título corporativo. A estabilidade financeira. A identidade da mulher bem-sucedida que tinha tudo sob controle. Essas coisas não eram apenas incômodas — também eram protetoras. Meus pais podiam olhar para a minha vida e se sentir tranquilos. Meus colegas me respeitavam. Tudo no papel dizia: "Você está bem.

E assim as perguntas mais profundas — quem quero ser de verdade, o que quero construir, o que acontece se eu tentar e não funcionar — ficaram seguras e silenciosamente sem resposta.

Ano após ano. Sabendo e ficando do mesmo jeito.

Porque ir embora significava arriscar tudo o que me fazia parecer bem por fora. E, por muito tempo, esse risco pareceu muito maior do que o custo de ficar.

Até que algo pequeno tornou impossível continuar a fingir.

IV. O MOMENTO QUE DIZ: PARA

Cedo ou tarde, algo interrompe o piloto automático.

Raramente parece lo que a la gente le gustaría. Geralmente não é um colapso dramático nem uma clareza repentina. Na maioria das vezes é algo pequeno e estranho que pousa de um jeito diferente do que deveria — e, ao pousar diferente, abre uma fissura.

Para mim, foi uma bala de goma.

Encontrei no meu quintal, a menos de meio metro de onde Tabitha, minha cachorrinha, estava deitada ao sol. Brilhante. Pequena. De aparência inofensiva. Peguei, ri um pouco, reportei à administração do prédio. Provavelmente caiu de alguma varanda lá de cima, pensei.

Alguns dias depois, o cachorro do vizinho foi levado, em caráter de urgência, ao hospital veterinário. Intoxicação por THC, por uma bala de goma. E quando voltei a verificar o quintal — um espaço pelo qual eu passava todos os dias, um espaço ao qual achava que estava prestando muita atenção — havia outra.

Parada ali, segurando aquela segunda bala de goma, algo mudou dentro de mim, algo que não tinha nada a ver com o perigo em si. Era a compreensão por baixo: que algo prejudicial havia entrado silenciosamente num lugar que eu sempre havia considerado seguro. Um lugar que achava que conhecia. Um lugar que eu chamava de lar.

Meu lugar seguro não era tão seguro quanto eu pensava.

E, de repente, aquilo não era só sobre o quintal.

Era sobre o apartamento que eu havia escolhido como solução temporária e no qual havia morado por anos. A carreira que havia construído enquanto isso e que havia interpretado por décadas. A identidade que havia montado com base em decisões práticas, na qual eu me escondia porque me mantinha protegida, confortável e fácil de explicar.

Nada era tão permanente quanto parecia. Nada era tão eu quanto eu vinha fingindo.

Naquela tarde tomei uma decisão que foi, pela primeira vez em muito tempo, completamente intencional.

Tabitha, a gente está se mudando!

Estou no processo de desempacotar agora. Literalmente — assinei um novo contrato, embalei a vida que nunca deveria ter sido permanente e me mudei para um apartamento novo. Mas a mudança real é a que acontece dentro de mim, por baixo da física.

Há algo estranho e bonito em desempacotar uma vida que você escolheu de propósito. Cada caixa que abro é uma pequena decisão: isso vem comigo para o próximo capítulo ou fica para trás? Algumas coisas são fáceis — nunca foram realmente minhas. Outras são mais difíceis. Pertenciam a uma versão de mim que trabalhou muito duro e mereceu existir, mesmo que tenha sido construída enquanto isso.

Fico com o que é verdadeiro e deixo para trás o que sempre foi só um disfarce.

É isso que esse processo me ensinou: recomeçar não significa apagar tudo o que veio antes. Significa olhar com clareza para a vida que você construiu — toda ela, as partes reais e as de atuação — e decidir, de forma consciente e deliberada, qual versão de si mesma você vai levar adiante.

Isso é o que chamo agora de "**Identity Edit**". Não é uma reinvenção dramática. Não queime tudo o que você construiu. Mas um processo claro e intencional de olhar para quem você se tornou — e decidir quem você quer ser a seguir.

E isso é o que quero que você saiba se está lendo isto e algo nessas páginas pareceu incómodamente familiar:

Você não precisa de uma bala de goma no seu quintal. Não precisa de um ponto de ruptura, nem de uma crise, nem de um momento dramático de despertar. Só precisa estar disposta a fazer a pergunta.

Comece olhando para a sua própria rodovia. As saídas que você tomou. As decisões que fez enquanto isso e que, silenciosamente, se tornaram toda a sua vida. Não com julgamento — com curiosidade. Porque a mulher em que você se tornou, por meio de todas essas escolhas práticas, temporárias e sensatas, não é sua inimiga. Ela te trouxe até aqui. Trabalhou incrivelmente duro. Merece ser vista.

Mas ela não é a versão final de você.

A versão final de você ainda está em andamento. E pela primeira vez, você tem a caneta na mão.

Quero te deixar com essa pergunta. Não a pergunta de como você chegou até aqui — você passou a vida respondendo perguntas práticas, e elas te levaram exatamente onde você está.

Essa pergunta é diferente. É que a maioria de nós nunca tem tempo suficiente para fazer.

Quem você quer ser de verdade?

Não, quem faz sentido, dado o seu currículo. Não era quem seus pais esperavam. Não é quem você vem interpretando nos últimos dez, vinte ou trinta anos.

Quem você quer ser — de propósito, por escolha, a partir de agora mesmo?

Porque a identidade não espera que você decida. Cada decisão que você toma — mesmo as que faz enquanto isso, especialmente essas — está construindo, silenciosamente, a pessoa que você está se tornando. A única pergunta é se você está construindo isso conscientemente.

Ou enquanto isso.

Você ainda pode escolher.

É disso que se trata o **Identity Edit.**

Não conserte quem você se tornou.

Mais do que escolher quem você se torna a seguir.

— Adriana

ADRIANA RAABE

Adriana Raabe é escritora e coach, e escreve sobre as decisões que tomamos sem perceber e sobre como, com o tempo, elas terminam por definir a nossa vida. Seu trabalho gira em torno da identidade, daquele "por enquanto" que se estende além do esperado e do momento em que a gente para e se pergunta como chegou até aqui.

Ela passou mais de duas décadas no mundo corporativo, liderando equipes globais, desenhando processos complexos e trabalhando em ambientes que exigem precisão, estruturação e tomada de decisões contínua. Por fora, é o tipo de carreira que muitas pessoas buscam. Por dentro, permitiu que ela enxergasse algo diferente: como é fácil construir uma vida que funciona... mas que, necessariamente, não parece sua.

Essa contradição é o ponto de partida do seu trabalho.

Adriana escreve e trabalha a partir desse cruzamento: o lugar onde tudo faz sentido no papel, mas algo não encaixa de verdade. Costuma colocar em palavras coisas que muitas pessoas vivem, mas não dizem: ficar mais tempo do que queriam, escolher o prático acima do que realmente importa e perceber, aos poucos, que aquele "por enquanto" virou anos.

Seu trabalho não consiste em se reinventar nem em se tornar alguém novo. Trata-se de ver com clareza — nem sempre confortável — e, a partir daí, começar a tomar decisões diferentes. Por meio da sua escrita, de seus programas e de sua plataforma, ela convida as pessoas a terem uma relação mais honesta consigo mesmas.

Sua vida reflete essa mesma dualidade. Ela se move entre ligações cedo de manhã e decisões de alto impacto e os espaços que aprendeu a cuidar: a meditação, os momentos de pausa e o voltar a si mesma. É intencional na forma como se alimenta, escolhendo alimentos que lhe dão energia, e nos espaços que cria ao seu redor. Os cristais e os objetos com significado fazem parte desse entorno — não como decoração, mas como lembretes pessoais que a ajudam a se manter presente.

Sua cachorrinha Tabitha é uma companhia constante. Numa caminhada, numa pausa ou simplesmente por perto, ela faz parte desses momentos que ajudam Adriana a voltar a si mesma. Tabitha integra esse ritmo que a devolve ao essencial.

Seu trabalho parte de uma ideia simples: a identidade não é algo que se define uma vez, mas algo que se constrói com as decisões tomadas todos os dias. Com o tempo, essas decisões acabam por marcar a direção de uma vida. Seu trabalho convida a olhá-las com mais clareza e, quando necessário, começar a mudá-las.

---

www.adrianaraabe.com

Instagram @adrianaraabe_

CHAVE 06

Mudança de frequência

De sustentar tudo a me escolher

REBECA LEFF

Para Nicole e Natasha,
meus dois grandes amores.
Vocês fizeram parte dessa jornada
de um jeito difícil de expressar.
Crescemos juntas — nas conversas,
nas risadas, nos momentos difíceis
e nos que até hoje lembro com um sorriso.
Aquilo que construímos eu cuido
como o que temos de mais valioso:
a honestidade e a maneira como hoje
podemos simplesmente estar juntas.

Tudo isso vive em mim.
Obrigada por estar, por sustentar,
por me ensinar — mesmo quando não sabiam
que estavam fazendo isso.

Com todo o meu amor,
Mami

CHAVE 06

MUDANÇA DE FREQUÊNCIA

A menopausa é uma mudança na frequência.

Imagine que você passa anos dirigindo pela estrada da sua vida ouvindo a mesma estação de rádio. Você a conhece de cor: as músicas, as vozes, os ritmos. Funciona.

E então, um dia, o sinal começa a falhar. Aparece uma estática.

No começo, você ignora, aumenta o volume, move a antena, faz o que sempre fez para que tudo continue igual. Mas o ruído não para. E a música que antes te sustentava — os papéis, as certezas, a identidade construída ao longo de décadas — de repente te esgota.

Isso é a menopausa. Não apenas uma mudança hormonal. Uma reorganização profunda que começa no corpo e chega até a alma. Um convite — muitas vezes incômodo — para parar de sintonizar à força a velha estação e se atrever a buscar uma frequência nova.

Demorei para entender isso.

Uma noite, porém, com uma clareza que ainda me surpreende, tudo se revelou e marcou um novo entendimento.

Era dia de semana. Verão. Me arumei sozinha em casa: o cabelo, os brincos, um pouco de maquiagem. Não havia ninguém me esperando. Só eu, me preparando para sair para jantar comigo mesma.

No caminho para o restaurante, quase voltei para casa duas vezes. Algo me deteve: não era o frio nem o cansaço, mas aquele medo antigo: de ocupar um lugar que talvez não fosse meu, de estar sozinha e de todo mundo notar. Carreguei esse medo por tanto tempo que já o via como bom senso, não mais como medo.

Continuei caminhando.

Quando entrei no restaurante — que eu conhecia bem, frequentava tantas vezes, mas sempre acompanhada — algo parecia diferente.

A comida mediterrânea caseira, as cadeiras vintage, as toalhas nas mesas, a louça eclética, as fotos e os quadros antigos nas paredes, criando o clima de casa de avó: tudo igual.

Eu, diferente. Pela primeira vez, sozinha.

A pessoa que me recebeu perguntou: "*Quantas pessoas?*"

"*Mesa para uma.*"

As palavras saíram de mim com uma calma que eu não sentia. Quis pedir a comida para levar e desaparecer. Senti uma tristeza suave — não do choro, mas do peso — e uma solidão que não sabia se era nova ou só a primeira vez que a olhava de frente.

Fiquei.

Pedi o meu jantar. Hoje já não me lembro do prato que escolhi — e acho isso lindo, porque isso significa que não era o que importava. Do que eu me lembro, é que pedi um mocktail. E que, quando terminei de comer, não saí correndo. Pedi uma sobremesa. Depois de um café. Fiquei sentada na varanda, olhando as pessoas passarem. Cada uma com a sua história, a sua forma de ser, de se vestir, de se mover, de rir. Aquele casal que caminha em silêncio. Aquele grupo que fala aos gritos. Aquela mulher sozinha que aperta o passo. Gosto disso: observar a vida de fora e sentir que, mesmo assim, você faz parte dela. E assim, sem que eu fizesse nada para provocar, algo se acomodou por dentro.

Uma paz que eu não me lembrava de ter sentido assim, sozinha.

Foi um triunfo pequeno e enorme. Passei décadas preenchendo cada espaço, cada noite, com algo ou alguém. Naquela noite, numa varanda de verão, fiquei comigo mesma.

Aquela noite não foi o começo de tudo, mas a primeira vez que enxerguei claramente o que já crescia em mim. Para entender essa mudança, precisei me olhar de outro jeito.

Com o tempo comecei a entender algo que muitas mulheres sentem nessa etapa, mas que raramente é explicado. A menopausa não só muda o corpo — ela também transforma a maneira como o cérebro processa as emoções, a memória e o sentido da vida.

Durante décadas, nossa energia esteve muito voltada para fora: os ciclos, o trabalho, o cuidado com os outros, a produtividade.

Mas quando meu corpo começou a mudar, algo mais também se moveu.

Comecei a sentir mais. A notar o que antes podia ignorar. A não conseguir mais sustentar o que não me fazia bem. E com isso, apareceram perguntas que antes não havia me permitido fazer.

Hoje sei que isso não é um problema.

Na maioria das vezes é uma reorganização natural da consciência.

É como se a atenção — que durante tantos anos esteve dirigida ao mundo — começasse, aos poucos, a voltar para dentro. E quando essa energia retorna, surgem perguntas que antes não nos tínhamos permitido fazer.

Eu não sabia que estava entrando na perimenopausa quando o meu processo começou. Lo que sabía era que me sentía profundamente desconectada. Por fora, tudo parecia estar em ordem; por dentro, algo já não vibrava.

O corpo foi o primeiro a falar, como sempre faz.

Um cansaço que não passava com descanso. Uma intensidade emocional inédita. Aceitei a histerectomia sem grandes questionamentos, como tantas outras decisões: pela eficiência, não pela escuta. Não me perguntei o que realmente precisava nem busquei opções. Essa era minha forma de estar no mundo: resolver, avançar, sem fazer barulho.

No silêncio da minha casa depois da operação, senti um vazio estranho. Uma quietude que eu não sabia nomear. Não era só uma mudança física. Era uma porta. Um portal. E não uma que eu tivesse decidido abrir, mas uma que se abriu de dentro, daquele lugar onde a alma já não consegue mais sustentar o que a mente insiste em ignorar.

Foi a porta que meu corpo abriu quando minha alma já não conseguia mais carregar a vida que eu levava.

Hoje vejo isso com uma clareza que me emociona: era um convite a um renascimento. Não um renascimento glamoroso nem imediato. Mas esse processo lento — às vezes doloroso, sempre transformador — de voltar a se habitar.

Para entender por que esse processo foi tão profundo, tenho que ir muito mais atrás.

Eu tinha nove anos quando minha mãe morreu.

Não fui ao funeral. Me lembro do quarto. Do silêncio. Da sensação de ficar muito quieta quando me disseram que ela não estava mais. Como se o corpo soubesse que, naquele momento, o que correspondia era não ocupar espaço. Não incomodar. Não transbordar.

Naquele dia não chorei como teria querido. Não perguntei o que não entendia. Não fiz barulho. Me adaptei. Segui em frente. Me tornei forte antes do tempo.

E sem perceber, associei algo profundo: que sustentar era ajudar. Que não transbordar era cuidar dos outros. Engolir o medo era uma forma de amor.

Aprendi que sobreviver também era amar.

Esse aprendizado me acompanhou durante décadas. Escolhi um companheiro a partir daí. Construí uma vida a partir daí. Uma vida com momentos lindos, com amor real, com filhas que hoje são o grande amor da minha existência. Criamos um lar, rotinas, viagens. E no meio de toda essa beleza, eu continuava vivendo a partir dessa mesma frequência interna: sustentar, me adaptar, não incomodar, não ocupar espaço demais.

Durante muito tempo, funcionou. A vida tinha um brilho real.

Até que, por dentro, parou de funcionar para mim.

A pandemia apenas tornou visível o que já estava fraturado. Assim, o divórcio se tornou um ato de coerência. Não foi uma decisão fria. Foi uma mistura avassaladora de medo, alívio, vazio e esperança: medo de não saber quem seria sozinha, alívio ao soltar uma estrutura que já me sufocava, vazio por deixar para trás tudo o que era conhecido e esperança, porque algo dentro de mim sabia que precisava dessa mudança radical para me encontrar.

Depois veio uma mudança de país. Dois anos de profunda imersão em mim mesma.

Não estava fugindo da minha vida. Estava, finalmente, respondendo a algo mais profundo.

E nesse novo cenário apareceu uma ferramenta que marcou um antes e um depois: o health coaching. Colocou um espelho na minha frente. Fui minha primeira cliente, enfrentando perguntas que havia evitado durante anos e reconhecendo, com dor e compaixão, o quanto havia me adiado.

Foi então que comecei a entender algo que ninguém havia me dito sobre essa etapa.

Algo que muito poucas vezes se diz em voz alta.

A menopausa não é só uma mudança hormonal. É o momento em que o corpo já não consegue mais sustentar os mandatos que carregamos desde sempre.

O de aguentar. O de dar tudo. O de não incomodar. O de não ocupar espaço. O do que vão dizer. O de "primeiro os outros". O de ser forte. O de não pedir. O de não precisar.

Para as mulheres da nossa geração, esses mandatos não chegaram como ordens explícitas. Chegaram como o ar: invisíveis, constantes, naturais. Aprendemos a partir das nossas mães, das nossas avós, das mulheres que vieram antes, que fizeram o que precisava ser feito sem se perguntarem demais se eram felizes.

Penso nas minhas avós. Mulheres fortes, resilientes. Mulheres que fizeram o que precisava ser feito. Não me lembro de conversas sobre se eram felizes ou se ansiavam por algo mais. Viviam. Cumpriam. Sustentavam. Tiveram espaço para o prazer, para o desejo, para se perguntarem o que queriam?

E penso na minha mãe. Morreu aos quarenta e um anos e não chegou a viver essa etapa.

Sem referências, sem informação, sem ter visto como uma mulher atravessa esse portal, foi assim que eu cheguei.

Esse medo de ser eu. De ocupar o meu lugar. De me escolher primeiro sem me sentir culpada.

A menopausa não cria esse medo. Ela o torna visível. O torna insustentável. E quando algo se torna visível, você já não pode fingir que não existe.

O que para muitas se sente como uma crise é, na realidade, uma oportunidade: a primeira vez que o corpo nos coloca diante da pergunta que vínhamos adiando a vida toda.

Não é que de repente você tenha ficado difícil. É que você já não conseguiu mais se ignorar. E quando isso acontece, algo começa a mudar.

E nesse mesmo processo de reencontro, redescobri algo que vinha há anos na minha vida, mas que nunca havia escutado de verdade: o yoga.

Não como disciplina nem como rotina de rendimento, mas como um espaço de escuta.

Durante anos, o yoga havia sido parte da minha rotina. Disciplina, constância, movimento. Algo que eu fazia bem, mais uma tarefa que cumpria. Mas durante muito tempo foi principalmente isso: uma prática física. Outra forma de me exigir. Outra forma de me provar que conseguia.

Até que, numa aula, tudo mudou.

Lembro-me da postura. Era uma que antes eu teria atacado com tudo: o corpo empurrando, a mente insistindo, esse "tenho que conseguir" sempre ao fundo. Dessa vez não.

Dessa vez cheguei até onde meu corpo me deixou chegar, e fiquei ali. Sem forçar. Sem comparar. E pela primeira vez, escutei algo mais quieto por baixo do barulho.

Me rendi.

E essa rendição não foi uma derrota. Foi o primeiro ato de amor real pelo meu próprio corpo. Me permiti sentir. No final daquela aula, deitada no mat, entendi algo sem palavras: meu corpo não era um projeto a melhorar. Era meu lar, um lugar ao qual eu podia voltar.

Desde aquele dia, o yoga deixou de ser apenas uma prática e se tornou um espaço onde eu podia me encontrar.

Tempo depois, ao final de outra aula, a professora anunciou uma formação para ser professora de yoga. Restavam duas vagas.

Senti o coração acelerar.

Durante anos havia sentido chamados assim e os havia ignorado por medo ou por responsabilidade. Dessa vez foi diferente. Não escutei como informação. Senti como um chamado direto.

Me aproximei e disse: "Quero fazer."

Esse sim vinha se construindo desde muito antes.

Desde a cirurgia e o silêncio que veio depois.

Desde o divórcio e o medo de não saber quem eu seria sozinha.

Desde a mudança de país e todas aquelas noites longas comigo mesma, sem fugir.

Desde a postura de yoga na qual finalmente me rendi.

Desde cada vez que escolhi ficar em vez de escapar.

Não foi um sim impulsivo.

Foi o sim que toda aquela mulher que fui — a que havia sobrevivido, a que havia sustentado, a que havia aprendido a se escutar — vinha preparando há anos.

Esta foi a mudança de frequência.

Não uma transformação de uma só vez. Não um momento de revelação cinematográfica. Mas a decisão silenciosa, repetida, de deixar de me adaptar ao que se esperava de mim e começar a me perguntar o que eu realmente queria. O que me fazia feliz. O que se sentia verdadeiro para mim.

Comecei a entender que meu corpo não era um problema a resolver. Era informação.

Que o silêncio não me esvaziava: me enchia.

Que me escolher não era abandonar os outros. Era a única forma de estar de verdade presente.

E o fruto mais lindo desse processo chegou de uma forma que eu não poderia ter antecipado.

Faz um tempo, viajei para a Grécia com minhas duas filhas.

A Grécia estava há anos na minha lista de lugares para visitar. Mas o que tornou aquela viagem inesquecível não foram as paisagens. Foi o que vivemos juntas.

Na ilha de Naxos, chegamos à tarde e fomos direto ao mar. A água estava gelada, daquele frio que faz você duvidar. Mas ali estávamos nós três, colocando os pés aos poucos, rindo.

Em algum momento, minha filha mais nova disse: **"Vamos entrar na água e gritar debaixo da água. É a melhor terapia."**

Nos olhamos. O mar estava congelado. Rimos. E entramos.

Ali estávamos nós três, mergulhando a cabeça debaixo da água e gritando com toda a força. Saímos tremendo, rindo às gargalhadas, e nos sentamos nas toalhas para ver o pôr do sol.

São momentos simples, mas profundamente reais.

Quando medito e quero sentir gratidão, muitas vezes volto a essa lembrança. A esse instante no mar com elas. Porque ali sinto com clareza o fruto mais lindo desse caminho: o amor profundo entre nós, e a liberdade de poder falar, sentir e ser quem somos.

Com minhas filhas, a história é diferente da das minhas avós e da minha mãe. Conversamos sobre o meu processo, sobre meus erros, sobre o divórcio, sobre meus medos, sobre esta etapa, sobre minhas dúvidas e sobre minha liberdade. Não porque eu tenha todas as respostas, mas porque entendi que o silêncio não protege. Só adia a vida.

Seja qual for a sua história, há um momento — e muitas vezes coincide com esta etapa — em que algo dentro de você começa a pedir algo mais.

Não mais cansaço sem nome. Não mais se adiar. Não mais viver segundo o que se espera de você. No mais profundo, você sabe que quer algo diferente. Que esta etapa pode ser vivida de outra maneira.

Esta etapa não é o final. Talvez seja o momento mais honesto da sua vida. O momento em que, com tudo o que foi vivido — as perdas, as decisões, a beleza, os amores, a força que você não sabia que tinha — você pode finalmente se olhar sem máscaras.

E se escolher.

A partir de um lugar de consciência.

De coerência.

De amor.

É ali que começa a se revelar o verdadeiro poder desta etapa. Quando deixamos de brigar com o ruído da estática e nos atrevemos a deixar que o dial siga girando, e de repente sintonizamos com algo novo. Uma música que não conhecíamos. Uma frequência mais profunda, mais clara, mais nossa.

E nos surpreendemos ao descobrir que esta nova canção nos agrada muito mais.

REBECA LEFF

---

*Quando foi a última vez que você se perguntou o que *você* quer — não a sua família, não o seu trabalho, não o que "deveria"?*

Há mulheres que sabem sustentar o mundo inteiro. O que ninguém lhes ensina é como se sustentarem.

Durante anos ela viveu assim. Fazendo o que se esperava, avançando sem questionar. Não porque não tivesse respostas, mas porque nunca lhe ensinaram que essas perguntas importavam.

Até que parou de funcionar.

Com a menopausa, algo começou a mudar de frequência. Não de uma vez, mas aos poucos: seu corpo deixou de sustentar a vida que ela continuava tentando manter. O que parecia uma mudança física foi, na verdade, o início de uma reorganização muito mais profunda.

Depois veio o divórcio. E com ele, soltar uma vida que já não se sentia sua.

O que se seguiu não foi uma queda. Foi — embora no momento não parecesse — o começo de uma forma de viver mais honesta.

Nesse processo, encontrou o caminho de volta a si mesma através de práticas que a convidaram a se escutar em vez de se exigir: o yoga, e mais adiante sua formação como Health Coach, onde começou a compreender de outra forma a relação entre o corpo, os hábitos e a maneira como as mulheres atravessam essa mudança.

Hoje acompanha mulheres que chegam a essa etapa como ela chegou: sem mapa, sentindo que algo mudou, mas ainda sem saber como nomeá-lo.

Seu trabalho não consiste em corrigir sintomas, mas em abrir um espaço onde cada mulher possa voltar a se escutar — e, a partir daí, reorganizar sua vida de uma maneira que se sinta verdadeira para ela.

@rebecaleffcoach

CHAVE 07

Parar de Lutar

Quando o Corpo se Torna seu Mestre

SELBIA LEÓN

Ao meu marido, meu companheiro de vida,
Obrigada por sustentar minhas asas,
mesmo sem entender para onde voo....
Obrigada por acreditar em cada uma das minhas "loucuras".
Com sua presença, você me lembra
que o amor verdadeiro é iberdade.
Aos meus filhos, meu motor, meu impulso, meu reflexo...
Obrigada por serem a energia que me move a continuar
crescendo, me curando e evoluindo.
Vocês são o motivo pelo qual escolho ser melhor a cada dia.
Ao meu neto, minha alegria pura,Minha paz em forma de vida...
Obrigada por me lembrar da inocência,
da segurança e da beleza do simples.

Em você vejo o futuro... e também o regresso ao essencial.
À minha família,
Obrigada por ser espelho, raiz e aprendizado...
por me acompanhar nessa jornada de transcender,
mesmo quando esse processo nem sempre é fácil.
E a cada pessoa que cruzou meu caminho... obrigada.
Às que chegaram como amor, e às que chegaram como desafio.
A todas as que, de uma forma ou de outra, se tornaram mestras.
Porque em cada encontro... houve uma lição, uma expansão,
uma parte de mim que despertou.
Nada foi casual.
Tudo fez parte do caminho.
E hoje honro cada história... porque graças a todas elas,
sou quem sou

CHAVE 07

PARAR DE LUTAR

Antes de te contar minha história, quero te fazer uma pergunta.Quando foi a última vez que alguém te perguntou como você estava... e você respondeu com a verdade? Não o "bem, obrigada" automático.
A verdade real. A que você guarda.

Se você precisa pensar... já tem uma resposta.

Talvez você tenha chegado a este capítulo porque algo em você esteja cansado. Não é o cansaço que vai embora depois de uma boa noite de sono. Mas aquele outro cansaço mais profundo — o que se instala nos ossos, no peito, naquele lugar que não tem nome, mas que você sente toda manhã antes de se levantar. O que você carrega há tanto tempo que já nem percebe mais. Só sabe que está lá.

Talvez seu corpo fale — dor, inflamação, doenças que voltam. E você segue respondendo: "Não é para tanto; preciso continuar." Talvez tenha entrado no piloto automático tão bem que já não saiba sair dele. Talvez você se doe tanto a todos que, no fim das contas, não sobra nada para si, e se convença: é assim mesmo; isso é amor.

Ou talvez você esteja bem. Ou é o que pensa.

De qualquer jeito, peço que fique. Porque o que vou te contar não é só minha história. É um espelho. E em algum lugar dessas páginas, você vai se reconhecer.

O eco de um cansaço ancestral

Talvez, enquanto lê estas linhas, uma pontada familiar percorra suas costas, um véu de névoa mental embacie seus pensamentos, ou o eco de uma dor surda lhe lembre que seu corpo — esse templo que você habita — travou uma batalha silenciosa. Não é o cansaço de um dia longo, nem a fadiga que se dissipa com o sono. É um esgotamento que se aninha no mais profundo do seu ser, um peso invisível que, às vezes, você arrasta desde antes de ter memória.

É a voz de um corpo que, em sua sabedoria, te pede uma trégua, um respiro, uma pausa no caminho que a vida — com suas exigências e seus amores — te ensinou a percorrer sem parar. É o sussurro de uma verdade que se recusa a ser silenciada, uma melodia que ressoa em cada célula, lembrando que você é mais do que a soma de suas responsabilidades, mais do que a força que o mundo espera de você. É o início de um diálogo, um convite a escutar o que sua alma, por meio do seu corpo, tem gritado em silêncio.

✦ ✦ ✦

A Mulher que Aprendeu a Carregar o Mundo

Cresci em San Luis Río Colorado, Sonora, México, num lar onde o amor se vivia em ação. Minha mãe era uma mulher de têmpera inabalável — daquelas que não param, não reclamam e simplesmente fazem. Ela dava tudo por nós — sua família — sem pedir nada em troca. Seu lema não estava escrito em lugar nenhum, mas aprendi desde pequena, gravado em cada um dos seus gestos: o sacrifício é amor. A entrega é amor. A força é amor.

E eu, sua filha, absorvi essa lição com toda a alma.

Aprendi a ser forte, a sustentar, a resolver, a aparecer. Amar significava dar, aguentar e seguir sem parar para sentir. Um interruptor interno dizia: "continua", sem tempo para fraquezas. Assim construí minha identidade: filha perfeita, irmã forte, amiga incondicional, esposa abnegada, profissional impecável. Cada papel era mais uma camada de armadura que eu usava com orgulho, sem notar que me afastava de mim mesma.

O que ninguém me disse é que essa armadura tinha peso.

Meu corpo começou a falar comigo cedo. Primeiro em sussurros: um cansaço que virou normal, uma dor justificável, uma tensão nos ombros que se tornou paisagem. Eu ignorava tudo com a mesma habilidade com que ignorava minhas necessidades: com maestria, sem perceber. Era como um alarme de incêndio que toca tanto que você acaba deixando de ouvir.

O mundo havia se acostumado à minha força. E eu também.

Até que o corpo parou de sussurrar.

Quando o corpo se torna um mapa de verdades silenciadas

Cada sussurro ignorado, dor justificada e inflamação minimizada eram uma nota na sinfonia de avisos que eu, querendo ser sempre forte, me recusava a ouvir. Meu corpo tentava falar numa língua esquecida. Ombros pesados, fadiga persistente viraram o novo normal. Convencida de que a vontade dobrava qualquer limitação, segui na negativa. Mas o corpo, honesto, não esquece: cada sintoma é uma mensagem da alma. Quando deixam de ser sussurros para virar gritos, é sinal de que a alma não aguenta mais o silêncio e o corpo se torna a voz da verdade evitada. Para muitas, isso marca o começo de uma jornada — não rumo à doença, mas ao autoconhecimento, em que o corpo deixa de ser inimigo e se revela aliado e guardião da essência.

Quando o Corpo Diz Basta

Um AVC.

De repente, meu mundo parou. Meu corpo — aquele que eu acreditava ser invencível — me mostrou sua fragilidade da maneira mais crua e inesperada. Me lembro do desespero. Do medo do que viria. Da incerteza de não saber o que restaria de mim do outro lado disso. E, no meio de todo aquele caos, uma voz interior abria caminho entre o ruído: *"Isso é um sinal, Selbia. Você precisa parar."*

Milagrosamente, e com uma gratidão que ainda me enche o peito, recuperei todos os meus movimentos. Uma segunda chance. Um presente que chegou embrulhado em susto.

E o que fiz com ela?

Me levantei, sacudi a poeira e segui em frente, como sempre fiz. Foi assim que aprendi a demonstrar força. Tornei-me especialista em me levantar, sacudir e sorrir. "A guerreira que não cai." Essa era minha história, à qual me agarrava com unhas e dentes.

Mas a verdade que eu não queria ver era que, por dentro, o esgotamento se aprofundava a cada ano. A dor crônica foi se instalando de forma furtiva, quase gentil, como uma hóspede que chega de visita e nunca vai embora. A inflamação se tornou minha companheira cotidiana. Meu corpo pedia, aos gritos, o que eu me recusava a conceder: uma pausa real. Não a que você tome para voltar a correr mais forte. Mas a pausa que te permite perguntar: como estou eu em tudo isso?

Anos depois, veio a suspeita de câncer; depois, de leucemia. A vida encontra formas de nos parar quando não ouvimos. Cada diagnóstico era mais um desafio à guerreira que insistia em ficar de pé, sorrindo por fora, esgotada por dentro. Felizmente, ambas as suspeitas deram negativas.

Mas o processo me deixou numa situação de vulnerabilidade que eu já não conseguia ignorar.

E então chegou o diagnóstico final: lúpus. Dor crônica. Fibromialgia. O corpo transformado num campo de batalha permanente.

Foi nesse ponto de ruptura que algo se partiu dentro de mim. Não da maneira que eu temia — não me parti para fora — mas para dentro. Em direção a um lugar de honestidade que havia evitado a vida toda. Um lugar onde já não conseguia mais sustentar o peso de ser forte para todos. Um lugar onde finalmente precisei me olhar nos olhos e me perguntar o que, de verdade, estava acontecendo.

E então vi algo que parou meu coração.

Minha mãe também havia sofrido um AVC. Seu corpo também tinha falado com ela. Seu corpo também tinha dito basta. E ela, como eu, havia continuado sem escutá-lo de verdade.

Eu estava vivendo a história dela. Não por destino. Por padrão.

✦ ✦ ✦

O Padrão que Nos Ensinaram a Chamar de Amor

Quero dizer isso com muito cuidado, porque sei que pode doer:

Muitas de nós aprendemos que amar é se sacrificar.

Não porque nossas mães, avós ou famílias quisessem nos machucar. Mas porque elas também aprenderam assim. E antes delas, alguém mais. É uma ferida que viaja de geração em geração, disfarçada de força, disfarçada de virtude, disfarçada de amor. Especialmente em nossa cultura latina, onde a mulher que se sacrifica é celebrada, admirada, colocada num pedestal. Onde "ser uma boa mãe", "ser uma boa esposa" e "ser uma boa filha" implicam, quase sempre, colocar-se por último.

O eco de um amor que dói: desvendando o padrão

Esse padrão, tecido com fios de abnegação e silêncio, se incrustou na alma de muitas mulheres — especialmente naquelas que, como você, navegam pelas águas turbulentas de uma doença autoimune. É a herança de um amor que se confunde com o sacrifício, uma lição aprendida no berço, onde a própria necessidade é adiada indefinidamente em prol do bem-estar alheio. Quantas vezes você sentiu a pressão invisível de sorrir apesar da dor, de dizer "estou bem" quando seu corpo grita o contrário, de colocar as necessidades de todos antes das suas? Essa é a dança ancestral da mulher que se apaga para que outros brilhem, a que se esgota na tentativa de ser tudo para todos. E nesse caminho, o corpo, em sua lealdade infinita, começa a refletir essa desconexão. As doenças autoimunes, em sua complexidade, podem ser o eco dessa luta interna — o grito de um sistema que se ataca porque aprendeu a ignorar sua própria voz, a silenciar sua própria dor. É um chamado a romper o ciclo, a redefinir o amor — não como um ato de autossacrifício, mas como um compromisso sagrado com o seu próprio bem-estar, com a escuta atenta do seu corpo e da sua alma. É o convite a ser a primeira na sua lista — não por egoísmo, mas pela sabedoria profunda de que só a partir da sua plenitude você poderá oferecer o melhor de si ao mundo.

E nós aprendemos a lição.

Aprendemos a carregar o mundo sem reclamar. A dizer 'sim' antes de nos perguntar se temos energia. Sorrir para que ninguém se preocupe. A guardar o que sentimos porque "não é para tanto" ou porque "há pessoas com problemas maiores." Ao colocar todos na frente — os filhos, o companheiro, os pais, o trabalho, os amigos — e nos deixar para o final.

Se você se reconhece em alguma dessas...

Eu me reconhecia em todas.

Havia transformado a luta em identidade. Dizer "eu dou conta de tudo" me havia desconectado de sentir. Servir sem pausa me havia afastado de mim mesma. Vivia no piloto automático, cumprindo expectativas, sustentando papéis, enquanto meu corpo carregava o que eu me recusava a olhar.

Numa sessão reveladora com minha amiga e colega Sylvia, algo ficou evidente com uma clareza que me sacudiu: minha ferida mais profunda era a humilhação, manifestada na submissão e no autossacrifício. Sempre buscava evitar o conflito. Nunca expressava o que realmente sentia. Negava meus próprios sintomas físicos. Havia me tornado "a que tem todas as respostas", "a salvadora" — às custas do meu próprio bem-estar.

EO lúpus, numa perspectiva bioemocional, fala de um conflito entre a autodestruição e a repressão emocional. Meu sistema imune está atacando-se. Meu corpo replicando, em sua própria biologia, o que eu havia feito durante décadas: me ignorar, me desgastar, desaparecer.

O corpo sempre diz a verdade.

O que Ninguém te Conta sobre seu Corpo

Seu corpo não te traiu.

Estava te salvando.

Sei que isso pode ser difícil de ler. Especialmente se você passou anos em guerra com ele. Especialmente se sente que seu próprio corpo é seu inimigo — que dói quando não deveria, que inflama, que esgota, que te para quando você quer continuar.

Mas o corpo não ataca sem razão.

O corpo fala quando a alma foi ignorada por tempo demais.

Primeiro, ele sussurra. Um cansaço que vira normal. Uma dor que se justifica. Uma inflamação que se minimiza. Uma tensão que se torna parte do dia a dia. E continuamos dizendo para nós mesmas que "não é para tanto", que "vai passar", que "outras pessoas precisam mais do que eu."

Até que um dia o corpo pare de sussurrar.

E grita.

Não como castigo. Não como sinal de fraqueza.

Como um limite amoroso.

O corpo como oráculo: a sabedoria da pele e dos ossos

Imagine, por um momento, que seu corpo não é um campo de batalha, mas um oráculo — um sábio ancestral que guarda as verdades mais profundas da sua existência. Cada dor, cada inflamação, cada sintoma que te paralisam não é um castigo, mas uma carta de amor urgente, um chamado à introspecção, à pausa. Para a mulher que vive com uma doença autoimune, essa verdade ressoa com uma intensidade particular. Seu sistema imune — esse guardião incansável —, na tentativa de te proteger, pode estar refletindo uma luta interna, uma batalha travada no silêncio da sua alma. É a manifestação física de uma alma que anseia ser ouvida, de um espírito que busca ser honrado. Não é uma traição, mas uma lealdade profunda, uma tentativa desesperada de te devolver a você mesma, de te lembrar de que você é um ser completo, digno de cuidado, amor e atenção.

Quando o corpo grita, é porque esgotou todos os sussurros, todos os sinais sutis. É sua forma de dizer: "Para. Olha para mim. Me escuta. Há algo aqui que precisa do seu amor mais do que nunca." E nesse ato de parar, de escutar sem julgamento, de abraçar a vulnerabilidade, começa a verdadeira cura — o caminho de volta à harmonia entre seu corpo, sua mente e seu espírito.

O que entendi depois do AVC, depois do lúpus, depois da dor crônica, depois de todos os diagnósticos que me sacudiram, é que meu corpo era o único em toda a minha vida que nunca me mentiu. Tudo o mais — as expectativas, os papéis, os "você deveria" — me pedia para continuar. Só meu corpo me dizia a verdade:

"Já não consigo mais carregar o que você está carregando."

Quando comecei a escutá-lo de verdade — não como obrigação médica, mas como um ato de amor para comigo mesma — descobri algo que mudou tudo. Quando me permitia descansar sem culpa, a dor diminuía. Quando soltava as intermináveis listas de tarefas e simplesmente respirava, a inflamação diminuía. Quando parava de me empurrar além dos meus limites e me permitia simplesmente estar, meu espírito relaxava de um jeito que eu não sentia há anos.

Meu corpo não era meu inimigo. Era meu mestre mais sábio.

✦ ✦ ✦

O Dia em que Decidi me Escutar

Não houve uma revelação espetacular. Não foi um amanhecer cheio de luz nem uma epifania cinematográfica.

Foi um momento silencioso. Exausta, sozinha, com o corpo doendo de maneiras que eu já não conseguia mais justificar nem ignorar, me sentei. Simplesmente me sentei.

E pela primeira vez em muito tempo, não fiz nada mais do que isso.

Não resolvi. Não organizei. Não ajudei ninguém. Só respirei. E naquele espaço de silêncio, algo começou a me falar. Não com palavras. Com sensações. Com um peso que se assentava quando pensava em certas pessoas. Com uma abertura suave no peito quando me imaginava pintando, escrevendo, tocando a terra com os pés descalços.

Meu corpo sabia coisas que minha mente havia negado durante anos.

Sabia quais relações me drenavam e quais me preenchiam. Sabia quais compromissos nasciam do medo e quais, do amor verdadeiro. Sabia quais partes da minha vida eram minhas e quais eram fantasias que eu havia adotado para atender às expectativas dos outros.

Comecei a incorporar práticas simples que antes catalogava como "luxos" ou "perda de tempo": dez minutos de silêncio pela manhã. Respiração consciente antes de responder às mensagens. Meditação . Terapia de som — essa prática que se tornaria uma das minhas ferramentas mais poderosas, tanto para mim quanto para as mulheres que acompanho.

E algo começou a mudar.

Não de uma vez. Não de forma espetacular. Mas de forma real.

A dor começou a ceder. A inflamação a diminuir. A rigidez ao soltar-se. Não porque tudo estava resolvido, mas porque, pela primeira vez, eu estava presente em mim. Me escutando. Me escolhendo.

Escutar o corpo não significa viver sem dificuldades. Significa viver com consciência.

✦ ✦ ✦

Parar de Lutar não é se Render

Durante muito tempo, acreditei que minha mensagem, meu propósito, eram os de "a mulher que sabe se levantar e continuar lutando." E há uma verdade nisso. Uma resiliência real. Mas num momento de profunda introspecção, meu coração me gritou algo diferente:

"Quero ser essa mulher que está aqui para dizer às outras que precisam prestar atenção ao seu corpo. Que elas vêm primeiro, antes de qualquer coisa."

Isso não é uma declaração de egoísmo.

É uma declaração de sabedoria.

Você não pode servir de um copo vazio. Você não pode amar autenticamente a partir do esgotamento. Você não pode estar presente para os outros quando não está presente para si mesma. Isso não é uma metáfora bonita. É biologia, é psicologia, é a verdade mais prática que existe.

Parar de lutar não é parar de viver.

Parar de lutar é voltar.

Voltar a se escutar.

Voltar a parar sem culpa.

Voltar a reconhecer que você também importa.

Voltar a aprender a receber, não só a dar.

E sei do que estou falando.

Sobrevivi ao abuso sexual na infância. A um diagnóstico errôneo de leucemia e quimioterapia. A um AVC. Há uma suspeita de câncer.

E, finalmente, o diagnóstico de lúpus e de fibromialgia mudou a maneira como entendo meu corpo e minha história.. Cada uma dessas experiências foi uma oportunidade de partir ou de voltar. E escolhi voltar.

Não com a mesma armadura de antes.

Com algo muito mais poderoso: a capacidade de me escutar.

Faço uma promessa à minha mãe e a mim mesma — de que estou aprendendo a me amar. A me colocar primeiro. A prestar atenção ao meu corpo e à minha alma. Não para negar a ela nem apagar seu legado, mas para levá-lo a um novo nível:

O amor que começa por si mesma.

O renascimento da guerreira: a força na vulnerabilidade

Esse caminho de volta a você mesma, mulher, não é um sinal de fraqueza — é a manifestação mais pura da sua força. É a coragem de se despir das armaduras que te pesavam, das expectativas que te sufocavam, para abraçar a verdade do seu ser. Para a mulher que convive com uma doença autoimune, esse renascimento é ainda mais profundo. É a reconciliação com um corpo que, por tanto tempo, pôde parecer um adversário. É a compreensão de que a verdadeira batalha não se trava contra o seu próprio sistema, mas contra a narrativa de que você deve ser invencível, inabalável. A vulnerabilidade — essa qualidade que tanto nos ensinaram a esconder — torna-se sua maior aliada, a porta de entrada para uma compaixão profunda por si mesma. É nesse espaço de aceitação, de escuta atenta, que a cura começa a se tecer — não como a ausência total de dor, mas como a capacidade de habitá-la com sabedoria, de transformá-la em mestra. É a permissão de ser humana, de sentir, de descansar sem culpa, de priorizar seu bem-estar como o ato de amor mais revolucionário. E ao fazê-lo, você não só se cura — você cura a linhagem, abrindo um novo caminho de amor e respeito pelo corpo para as gerações que virão. Você é uma guerreira, sim — mas uma guerreira que aprendeu que seu maior poder reside na ternura, na escuta, no amor incondicional pelo seu próprio templo.

O que Acompanho Hoje

Hoje não acompanho outras mulheres a partir da exigência.

Acompanho a partir da permissão.

Porque sei o que é viver esgotada. Sei o que é sentir-se culpada por descansar. Sei o que é colocar todos na frente e me deixar para o final. Sei o que é sorrir quando, por dentro, algo se apaga. Sei o que é passar décadas sendo forte para todos... e não saber como ser vulnerável nem sequer para mim mesma.

E também sei o que se sente ao voltar para casa dentro de si mesma.

Acompanho mulheres que se esqueceram de si mesmas — para que parem de lutar e voltem à sua essência. Integrando a consciência corporal, os limites e a presença. Se reconciliando com o corpo após o trauma Aprendendo a escutar a fadiga sem culpa. Encontrando o caminho de volta por meio da meditação, da terapia de som, da escrita, da criatividade e da conexão com a terra.

Acompanho mulheres com doenças crônicas que aprenderam a lutar contra o próprio corpo e estão prontas para trocar essa guerra por um diálogo. Mulheres que chegaram ao limite e, nesse limite, encontraram — ou querem encontrar — o limiar de uma versão mais autêntica de si mesmas.

Não a partir da teoria.

A partir de ter vivido.

✦ ✦ ✦

Antes de Fechar Este Capítulo

Se algo do que você leu aqui ressoou em você, quero te deixar uma mensagem.

Não é um exercício. Não é uma lista de passos. Não é uma tarefa.

Só uma pergunta.

Você não precisa respondê-la agora. Ainda não precisa fazer nada com ela. Só deixe-a viver dentro de você.

A pergunta que muda tudo: um eco na alma

Deixe que essa pergunta se assente no silêncio do seu coração, como uma semente à espera de germinar. Não busque uma resposta imediata, não a force. Só observe-a; sinta como ela ressoa nas profundezas do seu ser. Porque nessa quietude, nessa honestidade brutal consigo mesma, reside a chave para desvendar os mistérios que seu corpo tem guardado. Para a mulher que percorre o caminho da doença autoimune, essa pergunta é um farol, um guia rumo à autocompaixão, ao reconhecimento de que seu valor não está na sua produtividade nem na sua capacidade de sacrifício, mas na própria existência. É o convite para soltar o peso do que você "deveria" ser e abraçar a plenitude do que você já é. É o início de uma conversa sagrada consigo mesma, um pacto de amor incondicional que vai te permitir navegar pelas águas da vida com uma nova bússola: a da sua própria sabedoria interna. E nessa jornada, você vai descobrir que a verdadeira força não reside na luta constante, mas na rendição amorosa à sua própria verdade — na coragem de se escutar, de se honrar, de se amar acima de tudo.

Essa pergunta, se você se permitir verdadeiramente, pode mudar tudo.

Você não precisa ter o diagnóstico de lúpus nem ter sobrevivido a um AVC para que isso se aplique a você. Não precisa ter tocado o fundo nem ter vivido um trauma visível. Basta ser uma mulher que deu muito durante muito tempo. Uma mulher que, em algum canto do seu interior, sente — mesmo que não o nomeie assim — que algo se perdeu pelo caminho.

Que a vida que vive não termina de parecer sua.

Que há uma versão de si mesma — mais serena, mais inteira, mais viva — esperando do outro lado de toda essa luta.

Se você é essa mulher...

Estou te olhando.

Te vejo.

E quero te dizer algo olhando nos seus olhos: você não precisa provar nada. Não precisa continuar carregando sozinha. Não precisa ganhar o direito de descansar nem de existir. Seu corpo guarda a sabedoria que você tem buscado lá fora há tanto tempo. A resposta não está em fazer mais. A resposta está em parar. Em respirar. Em escutar.

Você é suficiente. Você é valiosa. E merece ser colocado em primeiro lugar.

E eu sei exatamente o caminho de volta a você.

Seu corpo está falando com você?

Se a pergunta que deixei no final deste capítulo ficou com você, criei algo para você. É um quiz de 12 perguntas que vai te ajudar a identificar de que maneira específica seu corpo está falando com você — e o que você pode fazer esta semana para começar a escutá-lo.

Você o encontrará ao clicar no QR no final do livro — é um presente, um recurso gratuito que deixei para você. Te espero do outro lado.

SELBIA LEÓN

Se você conhece Selbia, sabe que ela não é alguém que simplesmente "trabalha" com os outros... ela caminha com eles.

Há algo na sua presença que faz você baixar as defesas sem perceber. Não porque ela tenha todas as respostas, mas porque sabe escutar de uma forma quase inexistente... sem julgamento, sem pressa, sem querer te consertar. Só estando ali, de verdade.

Selbia vive entre o visível e o invisível. Tem formação em psicologia e aconselhamento e anos de experiência profissional... sim. Mas o que realmente a define não está nos seus títulos. Está na sua capacidade de ver além do que uma pessoa diz... de sentir o que há por trás, de sustentar processos que outros não se atrevem a tocar.

Durante anos trabalhou com crianças pequenas e suas famílias, acompanhando-as em momentos muito delicados. Também esteve ao lado de pessoas em situações complexas, de alto risco, de dor profunda. E se há algo que aprendeu em todo esse caminho, é isso: ninguém precisa ser "consertado"... o que precisamos é ser vistos, compreendidos e verdadeiramente acompanhados.

E é exatamente isso que ela faz.

Selbia não chega para impor mudanças. Chega de criar um espaço onde algo dentro de você começa a se mover... onde você se dá permissão para sentir, questionar e soltar. Onde, aos poucos, sem pressão, você começa a se lembrar de si mesma.

Por meio da Originally Love Holistic Wellness, ela construiu muito mais do que um serviço... criou um espaço seguro. Um lugar onde as pessoas podem romper ciclos, deixar para trás padrões que já não lhes servem e se reconectar com quem realmente são. Especialmente mulheres que, durante anos, se colocaram no fundo da própria vida... até que algo dentro delas disse: "Já é hora."

Quem trabalhou com Selbia não fala de técnicas... fala de como algo mudou nelas. De como começaram a se ver de forma diferente. A se tratar de forma diferente. A viver de forma diferente.

É uma mulher calorosa, de coração aberto, mas também direta quando necessário. Há nela uma compaixão profunda... daquelas que não julgam, mas também não deixam você ficar onde já não pertence. E quando ela te diz algo, não vem da teoria... vem do vivido.

Sua vida não se limita ao âmbito profissional. Depois de mais de três décadas de casamento, dois filhos e, agora, um neto, sua família é sua raiz, seu espelho e sua inspiração constante.

E no cotidiano, no simples, é onde ela se encontra a si mesma uma e outra vez... na quietude da meditação, na oração, no contato com a terra, abraçando uma árvore, respirando fundo. Também na arte — na pintura, na escrita, na poesia — transforma o que sente em algo que pode ser visto, sentido... e curado.

Selbia não busca impressionar. Não busca convencer.Mas se você cruzar o caminho com ela no momento certo...Pode ser o início de algo que mude sua vida.Porque Selbia não só guia processos.

Ela te ajuda a lembrar de ti mesma. Porque Selbia no solo guía procesos.

@coachselbialeon

CHAVE 08

O Último Presente Surpresa

A jornada final de Peter Rock

JORGE REINOZA

Para os que veem rostos
onde outros veem manchas,
mundos onde outros
veem loucura,
e luz onde outros
veem o fim.

— Peter Rock.

CHAVE 08

O ÚLTIMO PRESENTE SURPRESA

Era uma vez, num pequeno apartamento em Pacific Beach, encravado entre o Oceano Pacífico e o céu azul infinito de San Diego, um homem chamado Peter Rock, sentado no seu sofá marrom-café com leite, pintando.
Como sempre.

Como todos os dias da sua vida.

À sua frente, a televisão transmitia notícias do mundo: guerras, pandemias, enchentes, discursos de políticos com rostos de papelão. Peter Rock não olhava para a tela, mas a ouvia. Tudo entrava pelos ouvidos e descia direto para a mão, sem passar pela mente, sem pedir permissão, sem parar para perguntar para onde ia. A mão sabia sozinha. Sempre soube.

Sobre a mesinha de centro havia três xícaras. Uma com café preto, já quase frio. Outra com chá de camomila que alguém tinha deixado naquela manhã e que ele nunca tinha bebido. E uma terceira — a mais importante — cheia de uma mistura que ninguém mais no mundo teria se atrevido a chamar de tinta: café misturado com os restos de uma beterraba, algumas gotas de chá e o que sobrava de um tinte de cabelo cor de mogno que tinha encontrado na gaveta do banheiro três semanas atrás.

Peter Rock mergulhou o pincel naquela xícara. Sorriu levemente, sem perceber que o fazia.

"*Saiam sapos ou saiam rãs*"(venha o que vier), pensou, aceitando a incerteza do resultado enquanto traçava uma linha longa, curva, quase violenta, sobre o papel branco.

A linha não tinha intenção. Nunca tinha. Era precisamente isso que a tornava sagrada.Lá fora, o sol de abril começava a pôr-se sobre a baía. A luz entrava obliquamente pela janela e caía exatamente sobre o papel, como se o sol também quisesse ver o que nascia. Peter Rock não percebeu. Ele estava em outro lugar. Estava naquele espaço sem nome que os grandes místicos chamam de presença e que ele simplesmente chamava de 'pintar'.

A mão direita traçou um círculo. A mão esquerda, sem que ninguém pedisse, acrescentou três pontos ao círculo. Peter Rock olhou para o papel pela primeira vez em vários minutos e inclinou a cabeça, como fazem os cachorros ao ouvirem um som desconhecido.

Não fui eu, pensou. E continuou pintando.

Naquele dia, o que nasceu no papel era diferente de tudo o que tinha vindo antes.

Não era um rosto entre linhas — embora Peter Rock tivesse encontrado centenas de rostos nas suas pinturas ao longo dos anos. Rostos que ele não havia colocado lá, mas que estavam ali, olhando de dentro do papel como se sempre tivessem existido e o pincel simplesmente os tivesse libertado. Não era uma cidade abstrata nem uma figura geométrica que girava sobre si mesma. Tampouco era a mulher de cabelo preto. Ela às vezes aparecia nas suas pinturas sem convite e sempre lhe deixava uma sensação estranha no peito, como quando a gente se lembra de algo ruim bem antes de dormir.

Não. O que aparecia era um caminho.

Um caminho longo e luminoso que começava na borda inferior do papel e se estendia para cima, em direção a um ponto de fuga que Peter Rock ainda não havia desenhado, mas já conseguia sentir. O caminho tinha cores que ele nunca havia misturado conscientemente: um dourado que vinha do café, um violeta que vinha da beterraba, um branco que vinha simplesmente de deixar o papel em paz.

E no final do caminho, ainda borrada, havia uma figura.

Peter Rock se inclinou para frente. Semicerrou os olhos.

A figura tinha algo de familiar. Uma forma de se colocar. Uma certa largura nos ombros. Uma forma de inclinar a cabeça para a direita, como se dissesse: "Aqui estou, já cheguei. Quanto tempo você demorou?"

Peter Rock depositou o pincel sobre a mesinha. Ficou muito quieto.

David, pensou.

E o coração — aquele coração grande e tão castigado — bateu três vezes muito forte, como um tambor que anuncia algo.

Fazia seis meses que David tinha partido. Seis meses e Peter Rock ainda não tinha conseguido se despedir. Não tinha conseguido ir ao hospital. Não tinha conseguido se colocar diante daquela cama, olhar para o amigo e dizer o que precisava dizer — que era simplesmente isto: Te amo, irmão. Você era dos meus. Dos que veem o que os outros não veem.

Não tinha conseguido. O amor, às vezes, paralisa mais do que o medo. Peter Rock tinha enfrentado monstros em suas pinturas. Vozes na cabeça. Uma nave espacial na baía de San Diego que, uma vez, veio buscá-lo. Não tinha conseguido entrar naquele hospital para ver David se desconectar do mundo.

Agora David estava no papel. No final do caminho dourado e violeta. E estava esperando, com aquela paciência que têm os que já não precisam se apressar por nada.

Peter Rock pegou o pincel de novo.

"Saiam sapos ou saiam rãs," pensou com determinação e começou a caminhar.

***

O Mundo da Cor

O primeiro mundo ao qual Peter Rock chegou era o que ele conhecia bem.

Era um mundo inteiramente feito de cor. Não de objetos com cor, mas de cor pura. Cor livre, que existia por si mesma, sem precisar se justificar ao pintar nada em particular. Havia vermelhos que batiam como corações. Azuis que respiravam devagar como o oceano de madrugada. Amarelos que gritavam com a alegria de uma criança que abre um presente e encontra exatamente o que esperava.

Peter Rock caminhou entre as cores sem tocá-las, embora elas o tocassem. Roçavam seus ombros, passavam pelo seu rosto, entravam pelos seus olhos e saíam pelas suas mãos transformadas em algo novo.

Uma cor sem nome se aproximou mais do que as demais. Era uma mistura impossível, uma cor que não existia em nenhuma paleta do mundo porque ninguém a tinha misturado ainda. Era a cor do café frio misturado com beterraba e tinte de cabelo. Era a cor das coisas que não têm intenção.

Isso sou eu, pensou Peter Rock.

E a cor sem nome ficou flutuando ao seu lado, como um cachorro fiel, enquanto ele continuava caminhando.

Neste mundo não havia críticos. Não havia ninguém perguntando onde estava a perspectiva, onde estavam as sombras, se o traço era correto ou se a proporção era academicamente aceitável. Neste mundo, uma linha era uma linha porque queria ser. Um círculo era sagrado simplesmente por ser redondo. E as manchas — aquelas manchas que tanto angustiavam outros pintores — aqui eram as partes mais belas de tudo, porque são o que acontece quando o pincel decide por conta própria.

Era o seu quadro. Um que havia pintado anos atrás, enquanto as notícias falavam de uma guerra em algum lugar do mundo, e ele tomava café e a mão se movia e Saiam sapos ou saiam rãs (venha o que vier). Um quadro que, quando terminou, não sabia o que era — mas que agora, visto deste lado, entendia perfeitamente.

Era um mapa. Era o mapa da própria alma.

Ele deixou neste mundo a cor sem nome — aquela cor impossível que era sua. Deixou-a flutuando ali para que outros pintores que chegassem depois a encontrassem e a usassem sem saber de onde vinha.

Esse era o seu primeiro presente.

***

O Mundo dos Estudantes

O segundo mundo tinha salas de aula. Mas não salas frias com carteiras de plástico e quadros negros-verdes. Eram salas vivas, salas que respiravam, salas construídas com as perguntas de milhares de estudantes que, ao longo de quarenta anos, tinham levantado a mão e dito: não entendi, me explica de novo — ou simplesmente, por quê?

Peter Rock reconheceu os rostos.

Estavam todos. Os venezuelanos da Universidade de Los Andes, em Mérida. Os mexicanos do CETYS em Ensenada, Tijuana e Mexicali. Os equatorianos da Universidad San Francisco de Quito. Os europeus e latino-americanos da Califórnia — aqueles estudantes internacionais que chegavam com as malas cheias de idiomas e as cabeças cheias de dúvidas — se sentavam na sua aula e saíam três horas depois com algo que não se chama conhecimento, mas sim algo mais parecido com uma bússola.

Peter Rock os olhava e sentia no peito aquele calor específico do orgulho que não precisa de aplausos.

Os via nos seus trabalhos. Os via tomando decisões em empresas de três continentes, usando exatamente os conceitos que ele havia ensinado — não porque fosse o único a ensiná-los, mas porque os ensinava de uma forma que não se esquecia. Porque Peter Rock não ensinava a partir dos livros. Ensinava a partir da vida. Das viagens. Das civilizações maias e astecas, e das pirâmides que guardavam energias que a ciência convencional ainda não sabia medir. Do mercado multicultural, da astrologia, da intuição e daquele lugar sem nome onde o conhecimento e o espírito se misturam como o café com a beterraba.

Naquele mundo de salas vivas, Peter Rock viu surgir no ar, como se fossem flashes de luz, as mensagens que seus ex-alunos lhe haviam enviado ao longo dos anos. Mensagens curtas, simples — do tipo que se escreve quando algo importante acontece e a gente precisa contar para alguém. Uma dizia: "Professor, apliquei o que o senhor nos ensinou e funcionou. Consegui o emprego que queria." Outra dizia: "Obrigada. Não sei se o senhor sabe o que mudou em mim depois da sua aula." E outra ainda, de alguém que havia cruzado um oceano com uma mala e uma bússola: *"O que o senhor nos ensinou, eu uso todo dia. Todo dia, professor."*

Peter Rock lê cada mensagem com a calma de quem sabe que fez bem o seu trabalho. Não com vaidade. Com gratidão. Porque um mestre que vê seus alunos florescer não sente que ganhou algo — sente que devolveu algo. Que pegou o que a vida lhe deu e multiplicou para frente.

Ele deixou neste mundo algo que não se vê, mas tem peso: a certeza de que um mestre não morre enquanto seus alunos continuarem tomando decisões com base no que aprenderam. Deixou quarenta anos de aulas preparadas com dedicação, quarenta anos de chegar cedo e ficar até tarde, e de conhecer os nomes de todos — absolutamente todos.

Esse era o seu segundo presente.

***

O Mundo das Pirâmides

O Terceiro Mundo era antigo. Muito antigo. Tão antigo que o ar tinha um sabor diferente — como o de pedra quente e de tempo parado.

Peter Rock soube imediatamente onde estava.

As pirâmides se erguiam ao seu redor com aquela autoridade tranquila que tem as coisas que se sabe durar mais do que tudo o mais. Maias. Astecas. Egípcias. Todas juntas neste mundo sem geografia, porque aqui as civilizações não estavam separadas por oceanos, mas unidas pela única coisa que sempre as havia unido: a busca.

A busca de algo maior. A certeza de que havia algo maior.

Peter Rock colocou a mão sobre a pedra da pirâmide mais próxima e sentiu o zumbido. Aquele zumbido que os turistas não sentem porque olham para a pirâmide com os olhos — e ele sempre o havia sentido como algo mais profundo, com aquele lugar do corpo que não tem nome anatômico, mas que todos conhecem, aquele lugar que vibra quando algo é verdade.

"Sabia que havia poder aqui," pensou. *"Sempre soube."*

Neste mundo encontrou os construtores. Não os escravos dos livros de história, mas os verdadeiros construtores — os que tinham entendido a geometria sagrada, os que tinham alinhado as pedras com as estrelas, os que tinham deixado mensagens em código para as civilizações futuras. Mensagens que diziam simplesmente: "Há mais. Sempre há mais do que vocês veem."

Peter Rock e os construtores se olharam sem falar. Se entenderam perfeitamente.

Ele deixou a sua curiosidade neste mundo. Aquela curiosidade insaciável que o havia levado a estudar astrologia, a ler a Bíblia todos os dias, a meditar e a caminhar por horas pela praia de Pacific Beach, em busca de algo que não sabia nomear, mas que reconheceria quando encontrasse. Deixou a curiosidade para que outros viajantes que chegassem às pirâmides, com os olhos fechados, pudessem abri-los um pouco mais.

Esse era o seu terceiro presente.

***

O Mundo da Nave Branca

O quarto mundo era a baía. A baía de San Diego é mais diferente. A água era do mesmo azul impossível das manhãs de janeiro, quando o frio limpa o ar e tudo se vê com uma clareza que dói um pouco. Mas no centro da baía, exatamente onde Peter Rock sempre a havia visto, estava a nave.

Era branca. Completamente branca. Não o branco das paredes de hospital, mas o branco da neve nos picos da Serra Nevada, o branco do papel antes do primeiro traço, o branco que contém todas as cores antes de se separarem.

Peter Rock ficou na margem, olhando para ela, durante o que poderia ter sido um minuto ou trinta anos.

Havia pessoas que nunca tinham entendido isso. Que tinham visto o medo nos seus olhos quando ele falava da nave e que tinham pensado que esse medo era dirigido à nave. Mas não era assim. O medo era outro. Era o medo de não estar pronto. O medo de que, se embarcasse cedo demais, deixaria coisas inacabadas. Quadros pela metade. Aulas por dar. Amigos que ele ainda não tinha ouvido o suficiente.

Agora, olhando para ela da margem deste mundo, entendeu que a nave não tinha vindo para levá-lo. Tinha vindo para lembrá-lo de que existia. Para dizer-lhe: *"Quando você estiver pronto, estaremos aqui. Não há pressa. Nunca houve pressa."*

A nave era branca porque era pura possibilidade.

Peter Rock respirou fundo, como o seu mestre lhe havia ensinado. Inspirou contando até quatro. Retive contando até quatro. Expirou contando até quatro.

E deixou o medo na margem da baía. Todo o medo que havia carregado desde o acidente de 2000, quando o carro bateu e algo nele se partiu e algo se abriu ao mesmo tempo — como uma janela que o vento quebra e pela qual, de repente, entra mais luz do que o quarto sabia que podia receber.

Ficou parado diante da nave, sem medo agora, em paz. Sabendo que quando fosse o momento, ela estaria lá. Que sempre estivesse lá. É que isso não era uma ameaça, e sim uma promessa.

Esse era o seu presente.

***

O Mundo da Dor Alheia

O quinto mundo era o mais escuro de todos.

Não é escuro como a noite, mas escuro como a dor. Como aquela dor específica que não é sua, mas que você sente no corpo como se fosse. A guerra na televisão dói no estômago. A pandemia que esmaga o peito mesmo você estando bem. O amigo que sofre e você sente o sofrimento dele multiplicado por algo que não tem nome científico, mas que é real — completamente real, mais real do que muitas coisas que têm nome científico.

Peter Rock conhecia este mundo melhor do que qualquer outro.

Havia vivido aqui durante anos. Desde o acidente, a sua pele tinha ficado mais fina, mais permeável. A dor do mundo entrava sem bater. Se instalava. Ficava. E às vezes era tão grande que não havia como contê-la e era preciso fazer algo — qualquer coisa — e a mão pegava o pincel e começava a se mover e Saiam sapos ou saiam rãs (venha o que vier), e a dor se tornava linhas e as linhas se tornavam quadros e os quadros se tornavam algo que outros podiam olhar e sentir sem ser destruídos por isso, porque a arte é isso: é a dor do mundo transformada em algo que se pode segurar nas mãos.

Neste mundo escuro, encontrou todos os que haviam sofrido enquanto ele vivia. Os viu a todos. Os reconheceu a todos. E entendeu, com uma clareza que só existe nesses mundos do sonho e do trânsito, que ter sentido a dor deles não era uma doença. Havia sido um dom. Um dom brutal e custoso e às vezes insuportável — mas um dom. Porque os que sentem a dor alheia como própria são os que não conseguem olhar para o outro lado. São os que precisam fazer algo. E fazer algo, no caso de Peter Rock, era pintar, ensinar, escutar e escrever histórias sobre crianças que aprendem a respirar quando o medo as esmaga.

Ele deixou este mundo com a culpa de ter sentido demais. Deixou ali, naquele lugar escuro, porque já não precisava mais dela.

Esse era o seu quinto presente.

***

O Mundo de David

O sexto mundo era uma sala de estar.

Tinha um sofá. Não marrom café com leite, mas verde — um verde desgastado e confortável, como os sofás dos amigos de toda a vida. E no sofá estava David, com aquela forma sua de se sentar como se o mundo fosse exatamente do tamanho certo — nem grande nem pequeno, exatamente certo.

Peter Rock parou na porta.

Os dois se olharam por um tempo que não se mede em segundos.

"*Você não foi ao hospital* ", disse David. Não como reprovação. Como quem constata um fato simples.

"*Não consegui* ", disse Peter Rock.

"*Eu sei disse David*", "*Eu também não teria conseguido.*"

E isso foi tudo. Não era preciso mais. Entre os que se amam de verdade, às vezes o perdão não precisa de palavras longas. Precisa apenas disso: que o outro diga "eu sei" — com aquela voz específica que tem, que entende de verdade.

Sentaram-se juntos no sofá verde. Peter olhou para as mãos e viu que ainda tinha o pincel. David olhou para o pincel e sorriu.

"*O que você vai pintar agora?* ", perguntou David.

"*Não sei* ", disse Peter Rock. "*Saiam sapos ou saiam rãs*" .

E David riu. Uma risada longa, genuína, daquelas que soam como música de verdade. E Peter Rock também riu. E os dois riram juntos naquele sofá verde daquele sexto mundo até que as lágrimas eram de riso e de tudo o mais ao mesmo tempo.

Ele deixou neste mundo o abraço que não tinha podido dar no hospital. Deixou-o completo, inteiro, sem que lhe faltasse nada.

Esse era o seu sexto presente.

***

O Último Mundo

O sétimo mundo não tinha nome.

Não tinha paredes, chão, teto nem horizonte. Era simplesmente luz. Mas não a luz cegante da bruxa do conto — não aquela que dói e paralisa. Era a outra luz. A que aquece sem queimar. A que ilumina sem obrigar a fechar os olhos.

Peter Rock estava sozinho. E pela primeira vez em muito tempo, estar sozinho não significava solidão. Significava completude. Significava que tudo o que ele era, o era plenamente — sem que nada faltasse nem sobrasse.

Tinha o pincel na mão. E diante dele, flutuando na luz, havia um papel em branco.

O maior papel que havia visto na vida. Tão grande que não tinha bordas visíveis. Tão branco que continha todas as cores do mundo das pirâmides, do mundo da cor e do mundo de David, e de todos os mundos pelos quais havia passado.

A mão começou a se mover.

Não houve intenção. Não houve plano. Não houve esboço prévio nem decisão de pintar isso ou aquilo. Apenas a mão, o pincel e aquele fluir que Peter Rock havia conhecido a vida toda no sofá marrom-café com leite, diante da televisão, com as notícias.

Só que agora não havia televisão. Havia apenas silêncio. E no silêncio, algo falava. Algo que sempre havia falado — desde antes do acidente, desde antes dos quadros, desde antes das aulas e desde antes de tudo. Algo que ele havia aprendido a escutar aos poucos: primeiro com medo, depois com curiosidade e, por fim, com gratidão.

A mão traçou linhas. As linhas formaram mundos. Os mundos se encheram de cor sem nome e de estudantes com bússolas e de pirâmides que zumbem, e de naves brancas e de sofás verdes, e de risada e de dor transformada em arte.

E quando a mão parou, Peter Rock olhou para o quadro.

Era tudo. Era a sua vida inteira, a sua alma inteira, a sua loucura sagrada e o seu amor enorme e a sua dor generosa, e a sua risada e o seu café, e a sua beterraba e as suas três xícaras sobre a mesinha, e os seus quatro idiomas e os seus quarenta anos de aulas, e os seus milhares de estudantes com bússolas e o seu David e o seu Roberto, e todos os que o haviam amado e todos os que ele havia amado — que era exatamente a mesma coisa.

Tudo estava ali.

Peter Rock inclinou a cabeça, como sempre, como fazia quando algo aparecia no papel e ele era o primeiro a descobri-lo.

E disse, em voz baixa, com um sorriso que ninguém viu mas que todos os que o conheceram teriam reconhecido imediatamente:

"Não fui eu."

E a luz ficou maior.

Naquela tarde em Pacific Beach, num apartamento pequeno entre o oceano e o céu, a televisão continuava transmitindo notícias. As três xícaras estavam sobre a mesinha. O sofá marrom-café-com-leite ainda guardava a marca de alguém sentado.

E sobre o papel, com linhas que iam em todas as direções e cores impossíveis de nomear, havia um quadro que ninguém havia planejado e que, no entanto, era exato. Perfeito. Completo.

Como toda obra que não é feita por quem a faz.

Como toda vida que vale a pena.

"Saiam sapos ou saiam rãs "(venha o que vier).

***

FIM

JORGE REINOZA

Jorge Reinoza nasceu na Venezuela com duas coisas que nunca perdeu: uma curiosidade infinita pelo mundo e um coração grande demais para uma única vida.

Foi professor, pintor, escritor, viajante, músico, astrólogo, visionário e amigo. Mas, antes de tudo isso, foi um ser humano de sensibilidade extraordinária — daqueles que percebem o que os outros não veem, que sentem o que os outros não sentem e que transformam todo esse excesso de mundo interior em algo que os outros podem tocar: um quadro, uma aula, uma conversa, um livro.

Estudou Administração de Empresas na Universidad de Los Andes, na sua cidade natal, e depois cruzou fronteiras para completar um MBA na University of Tampa e um doutorado em Negócios Internacionais na Alliant International University, em San Diego, Califórnia — a cidade que escolheu como seu lar definitivo. Mas Jorge nunca foi um acadêmico convencional. Suas salas de aula eram extensões da alma: lugares onde o marketing se misturava à espiritualidade, onde os números conviviam com os símbolos, onde um estudante podia entrar com dúvidas e sair com uma bússola para a vida toda.

Durante mais de quatro décadas ensinou em universidades da Venezuela, do México, do Equador e dos Estados Unidos. Milhares de estudantes de todos os continentes se sentaram nas suas aulas e levaram consigo algo que os livros didáticos não podiam oferecer: a certeza de que o conhecimento verdadeiro não se memoriza — vive. Muitos deles o seguiram nas redes sociais durante anos, enviando-lhe mensagens para dizer que o que havia ensinado continuava a funcionar, que estavam bem, que tinham vencido. Jorge lia cada mensagem com a calma de quem sabe que fez bem o seu trabalho. Não com vaidade. Com gratidão.

Como pintor, Jorge Reinoza pertencia àquela rara categoria de artistas que não decidem o que vão criar. A mão se movia sozinha. O espírito chegava. E dessa entrega, sem controle, nasciam obras únicas — impossíveis de classificar, cheias de rostos ocultos entre as linhas e de mundos inteiros dentro de um único traço. Pintava com o que encontrava: acrílicos, aquarelas, café, chá, beterraba — o que o momento colocasse no seu caminho. Ganhou os três primeiros prêmios em competições de pintura, incluindo as do San Diego County Fair e da San Diego Watercolor Society, e foi reconhecido no Museu de Arte Contemporânea de Caracas. Mas os prêmios não eram o que o motivava. O que o movia era aquele momento em que terminava um quadro; o olhava pela primeira vez, como se fosse de outro, e dizia, com genuína surpresa: "Não fui eu."

Foi também escritor. Compositor. Deixou gravado um álbum musical e romances que aguardam o seu momento. E deixou este livro — que em breve continuará com uma nova obra que narra as sete jornadas de David: um presente que Jorge começou a preparar para o mundo e que o mundo receberá muito em breve.

Jorge Reinoza deixou este plano em abril de 2023, em San Diego, Califórnia. Tinha o coração grande. Grande demais, talvez, para uma única vida. Mas o que deixou também não cabe em uma única vida: está nos quadros que pintou sem saber que estava pintando, nos estudantes que tomam decisões em três continentes usando o que aprenderam nas suas aulas, nos amigos que ainda ouvem a sua risada quando mais precisam, e nestas páginas que, de alguma forma, continuaram sendo escritas depois que ele foi embora.

Este capítulo, O Último Presente Surpresa, foi escrito em sua homenagem e com o seu espírito, por aqueles que o amaram e não quiseram se despedir de vez. Porque Jorge sempre dizia, com aquele sorriso que todos os que o conheceram reconheceriam imediatamente:

Saiam sapos ou saiam rãs.

E sempre resultava em algo bonito.

CHAVE 09

A Rosa Vermelha

Uma chave para o Sagrado

SUSETE CLARISSE

Às mulheres que vieram antes de mim.
Àquelas que sustentaram a vida em silêncio.
Àquelas que carregaram no corpo o que nunca pôde ser dito.
Ainda assim, algo permaneceu.

Uma Rosa.

Em especial, à minha mãe.
Você me ensinou o que não pôde dizer.
Por muito tempo, o chamei de distância.
Hoje reconheço como origem.
O que em você foi silêncio, em mim floresce.
Porque em toda mulher existe
uma rosa vermelha sagrada.

CHAVE 09

A ROSA VERMELHA

O Corpo Que Herdou o Silêncio

Quando eu volto à minha história, não são as lembranças que chegam primeiro. São os silêncios.

Eles atravessam a minha infância, a minha juventude e ainda habitam partes da mulher que eu me tornei. Eu aprendi cedo que o silêncio também comunica, mesmo quando ninguém nos ensina a escutar.

Minha mãe não ouvia. Minha mãe não falava. E, ainda assim, ela me dizia muitas coisas.

A nossa comunicação nunca foi feita de palavras. Era no corpo. Era na presença. Era algo que eu sentia, mas não sabia explicar.

Durante muito tempo, tentei encontrar um motivo simples para a distância entre nós. Disseram que ela queria um filho homem. Eu acreditei. Era mais fácil aceitar isso do que encarar algo que não tinha nome.

Mas essa resposta nunca sustentou a verdade.

A distância da minha mãe não era falta de amor. Era falta de caminho. Faltava linguagem, faltava espaço, faltava compreensão do que acontecia dentro dela.

E, ainda assim, existia vínculo. Um vínculo profundo, silencioso e, muitas vezes, solitário.

Ela repetia, desde que eu era pequena, que o meu nascimento tinha sido um momento de quase morte. Aquilo não era só uma lembrança. Era algo vivo dentro de ella. E, mesmo sem entender, isso também passou a viver em mim.

Anos depois, em uma experiência de respiração imersa na água, eu senti no meu corpo algo que nunca tinha acessado com tanta verdade. Um impulso de morrer, rápido, intenso, impossível de ignorar.

Foi ali que algo se reorganizou.

Pela primeira vez, eu não olhei para a minha mãe a partir da falta. Eu olhei a partir da experiência.

Eu vi uma mulher que viveu tudo no próprio corpo, sem saber como nomear o que sentia.

Ela sentiu medo, desejo, confusão, amor, entrega, tensão. Ela atravessou cada fase do corpo feminino sem explicação, sem orientação, sem espaço para elaborar.

Menarca, tensão pré-menstrual, ovulação, gestação, menopausa.

Tudo aconteceu nela. Nada pôde ser dito.

E isso não é só uma limitação. Isso é solidão no próprio corpo.

Quando eu olho para isso com maturidade, algo em mim para de exigir e começa a compreender.

Porque nós, mulheres, carregamos mais do que histórias. Carregamos interrupções.

Partes que foram silenciadas, esquecidas ou nunca sequer reconhecidas. E, na maioria das vezes, isso começa em casa. Não por falta de amor, mas por falta de clareza. Falta de resposta. Tabus. Limites que foram impostos sem consciência.

Estruturas antigas, repetidas por tanto tempo, parecem inquebráveis.

E quando algo em nós tenta atravessar essas estruturas, quase sempre acontece de forma abrupta. Na dor, na rebeldia, no excesso. Ou em momentos que parecem bênçãos, mas nos desmontam por inteiro.

São nesses rompimentos que surgem pequenas aberturas.

Como portais.

E é por meio desses portais que começamos a perceber que existe mais.

Mas eu precisei aprender algo que ninguém me ensinou.

Romper não precisa ser violento.

Existe um outro caminho. Um caminho em que eu não me abandono para me transformar. Um caminho pelo qual posso me aproximar de mim mesma com cuidado.

Aos poucos, fui deixando de forçar e comecei a tocar.

Tocar o meu corpo com presença. Tocar minhas sensações sem medo. Permitir sentir sem precisar explicar.

Como quem abre uma pétala.

Sem pressa. Sem ruptura. Sem violência.

E foi nesse movimento que algo começou a acontecer.

Eu fui entrando em espaços dentro de mim que antes eram inacessíveis. Lugares que não tinham nome, mas tinham presença. Lugares que não pediam explicação, pediam entrega.

E ali, pela primeira vez, eu não estava repetindo ausência.

Eu estava criando conexão.

Cada abertura deixava de ser dor e passava a ser passagem.

Cada sensação deixava de ser confusão e passava a ser orientação.

E, sem perceber, eu já não estava mais fugindo de mim.

Eu estava me encontrando.

Hoje, quando olho para o meu corpo, não vejo apenas a minha história. Eu vejo continuidade.

Cada descoberta que eu faço não começa comigo. Começa nela.

No corpo dela. No silêncio dela. No ventre que me trouxe até aqui.

No útero cálice onde tudo começou.

Mãe, o meu corpo carrega a nossa história.

Eu fui gerada no teu silêncio, mas hoje posso transformar isso em presença. Eu posso sentir com consciência. Eu posso atravessar, com cuidado, aquilo que antes era apenas ausência.

Eu não nego o que veio de ti. Eu continuo.

Com mais escuta. Com mais verdade. Com mais inteireza.

Eu vim de ti.

E agora, eu te entendo.

✦ ✦ ✦

O Silêncio como Primeiro Idioma

Nasci numa noite de Lua Cheia.

Filha única de Adão e Antônia — duas pessoas preciosas por sua missão no vazio das palavras que nunca ouviram, principalmente vindas de mim. O silêncio foi o meu primeiro idioma. Antes mesmo de aprender a falar, aprendi a perceber. Aprendi que os olhos dizem o que a voz não alcança. Que um gesto vale mais do que mil explicações. Que o amor, quando é verdadeiro, não precisa de som para se fazer sentir.

Cresci num lar onde a comunicação acontecia no nível do corpo, do olhar, da presença. Meu pai, Adão, tinha uma força silenciosa que me envolvia como um abraço permanente. Minha mãe, Antônia, possuía uma sabedoria que transbordava pelos seus gestos, pela forma como tocava as coisas, pela maneira como me olhava.

Essa sensibilidade que aprendi em casa se tornou uma das minhas maiores fortalezas ao longo da vida e profissão. Mas também, por muito tempo, foi um território que eu mesma abandonei.

Quando eu tinha nove anos, perdi meu pai. E, naquele momento, algo dentro de mim se abriu — uma ferida, sim, mas também uma porta. A dor da despedida despertou em mim um poder que eu ainda não sabia nomear. Comecei a buscar refúgio na natureza, no autoconhecimento, nos espaços internos onde as palavras não chegam, mas a essência fala alto.

Anos depois, essa busca me levou a me tornar terapeuta holística. A estudar, a facilitar, a acompanhar mulheres em suas jornadas de cura e despertar. Aprendi mais de vinte e uma técnicas terapêuticas e holísticas. Criei o Oráculo Sagrado Tela da Verdade. Ajudei outras pessoas a encontrarem o caminho de volta a si mesmas.

Pero había una pregunta silenciosa que todavía no tenía el coraje de hacerme:

¿Cuándo fue la última vez que me toqué con amor?Mas havia uma pergunta silenciosa que ainda não tinha coragem de me fazer:

Quando foi a última vez que me toquei com amor?

✦ ✦ ✦

A Semente — O Impulso que Sempre Existiu

Tudo o que existe na vida possui um princípio, um caminho e uma verdade.

O princípio é o instante em que algo começa a pulsar. O caminho é o movimento contínuo dessa pulsação ao longo do tempo. A verdade é aquilo que permanece quando temos coragem de olhar para nós mesmos, sem julgamento nem culpa.

Existe uma força que atravessa a existência humana em determinados momentos do caminho. Às vezes ela se manifesta como uma inquietação leve, quase imperceptível. Em outras ocasiões surge como um convite inevitável para olhar mais profundamente para dentro de nós.

Essa força tem um nome simples e imenso:

Impulso de vida.

Esse impulso possui uma característica muito particular. Ele não nos conduz apenas às partes luminosas da nossa história. Ele também nos convida a olhar para as feridas que carregamos, para os espaços que, durante muito tempo, permaneceram escondidos no território mais íntimo da nossa experiência.

E curiosamente, é exatamente nesse mesmo território — o mais íntimo, o mais escondido — que vivem também as belezas mais delicadas da nossa existência.

O corpo humano é um templo vivo. Não é apenas uma estrutura biológica que nos permite existir no mundo. O corpo é um território de memória, de sensibilidade, de consciência. Quando voltamos para ele com presença e atenção, algo começa a despertar. É como retornar para casa depois de uma longa viagem.

Durante muito tempo estive afastada do meu próprio sagrado. Eu sabia sobre o corpo — afinal, era terapeuta, eu facilitava, eu acompanhava. Mas havia uma distância sutil entre o que eu ensinava e o que eu vivia. Entre o que eu oferecia às outras e o que eu me permitia a mim mesma.

Fue entonces cuando llegó la rosa.

✦ ✦ ✦

A Sexta-Feira Treze de Lua Minguante — O Ritual

Era uma sexta-feira treze.

Eu estava em uma mentoria com vinte e duas mulheres. Um espaço sagrado de encontro, de partilha, de despertar coletivo. E a primeira chave que chegou nessa jornada foi a rosa.

Havia rosas de todos os tipos disponíveis — nacionais, importadas, brancas, rosadas, cada mulher escolheu a sua. E quando chegou o meu momento de escolher, algo em mim soube imediatamente.

A rosa vermelha.

Não foi uma escolha racional. Foi uma chamada. Como se aquela rosa já me esperasse. Como se entre todas as flores do mundo, aquela fosse a que havia sido plantada para mim.

Antes mesmo de entrar no banho, gravei um vídeo para as vinte e duas mulheres do grupo. Queria demonstrar como usar a rosa como chave de acesso ao corpo, ao sagrado feminino. Enquanto gravava, eu sentia o poder da rosa se conectar ao meu corpo — um desejo de simplesmente ser, de habitar completamente a minha própria pele.

Quando assisti ao vídeo depois, me vi de um lugar onde nunca havia me visto antes. Quase todas as mulheres comentaram. Disseram que eu estava perfeita. Que eu estava linda. Estavam impressionadas.

Mas eu — a primeira reação foi vergonha.

Como se eu não tivesse o direito de mostrar o que ali estava. Como se a sensualidade fosse algo que pertencia às outras, não a mim. Como se existir plenamente no próprio corpo fosse um excesso, uma ousadia.

Fiquei firme no propósito. Sabia a importância do que estava acontecendo ali.

E a jornada começou assim.

Naquela mesma sexta-feira treze, em algum momento da tarde, soube que chegara a hora. A hora de eu mesma viver o que havia proposto às outras.

Entrei no banheiro. Coloquei uma única vela de lavanda. Regule a temperatura da água — agradável, nem quente demais, nem fria. E percebi que estava me abraçando a mim mesma. Completamente nua. Sem cobertura. Sem máscara.

A rosa vermelha ficou do lado da vela. E eu, de dentro do banho, a observava.

Comecei por um banho de higiene — como se algo que precisasse partir fosse embora com a água, algo sujo e muito invasivo. E mesmo nesse momento, eu não conseguia tirar os olhos daquela vela que iluminava cada pétala da rosa. Não era uma rosa muito grande. Mas era a minha rosa. E ela me chamava.

Respirei fundo.

Peguei ela nas minhas mãos.

Com os joelhos levemente flexionados — como se a minha vulva precisasse respirar, precisasse abrir-se para aquela conexão — comecei. A água corria pelo meu corpo. Pelos meus seios, pelo meu tórax, pelo meu ventre. Eu continuava olhando para baixo, com a confiança de que aquela água estaria ali me nutrindo, me acolhendo.

Comecei a tocar as pétalas da rosa na minha vulva. Com delicadeza. Com atenção. Com uma gentileza que eu não me oferecia há muito tempo.

E algo inesperado aconteceu.

O meu corpo começou a se mover. Um embalo suave, como uma dança que o corpo conhece, mas que a mente havia esquecido. Sem largar a rosa, fui arrastando-a levemente pelo meu baixo-ventre, em direção ao umbigo, ao plexo solar.

E foi exatamente nesse momento que algo caiu.

A máscara da vergonha.

Me olhei — e não procurei nada que precisasse ser diferente. Não inventarei os defeitos. Não listei o que eu gostaria que fosse outro. Pela primeira vez em um tempo que eu já não saberia medir, eu estava simplesmente nua. Sem julgamento. Sem comparação. Apenas eu.

A água corria. A vela aquecía. E a rosa continuava seu caminho.

Arrastei-a delicadamente pelo ventre até o chakra cardíaco. Ali parei por um instante. Respirei. E estabeleci gratidão — não com palavras, mas com presença. Como quem reconhece um lar.

Nesse momento percebi que o meu telefone estava no cantinho do banheiro. E tive um pensamento súbito: queria registrar aquele momento. Queria capturar aquela versão de mim — a mais aprimorada, a mais real, a mais viva que eu havia sentido há muito tempo.

Mas a rosa continuou subindo.

Do coração aos lábios. Quando ela tocou os meus lábios, abri a boca levemente e a deixei pousar por um instante naquele limiar entre o externo e o interno. Entre o que se vê e o que se sente.

A rosa subiu entre as sobrancelhas — o chakra frontal. E depois, em movimentos suaves e espirais, chegou ao chakra coronário.

Ali aconteceu uma conexão que eu não tenho palavras precisas para descrever. Uma ligação profunda e viva que atravessou todos os meus centros, do mais baixo ao mais alto, como se a rosa tivesse tecido um fio de volta para si mesma. Um fio que havia se rompido há muito tempo e que agora, naquele banho simples com uma vela e uma flor, se recompunha.

Lágrimas desceram pelo meu rosto.

Eu me sinto viva novamente.

E, junto com esse pensamento, veio a compreensão — não intelectual, mas de corpo inteiro — de que eu havia estado ausente de mim mesma por muito tempo. Que a vida pode passar em modo automático, que podemos cuidar de todos e esquecer de nós. Que podemos facilitar o retorno das outras para si mesmas enquanto nós mesmas permanecemos à deriva.

Naquele banho com uma rosa vermelha, numa sexta-feira treze, com uma única vela de lavanda, eu voltei para casa.

✦ ✦ ✦

O Que a Rosa Ensinou

A rosa possui uma estrutura profundamente simbólica que só compreendi plenamente depois daquela experiência.

O seu caule é firme. Sustenta com vigor toda a delicadeza da flor. Ao longo desse caule vivem os espinhos — que lembram as experiências difíceis que atravessamos ao longo da vida. Situações que exigiram força, discernimento, amadurecimento.

Mas há algo essencial a compreender: sem o caule e sem os espinhos, a rosa não poderia existir. E sem a promessa das pétalas, o caule também não teria razão de ser. Existe uma harmonia profunda nessa estrutura. A firmeza sustenta a delicadeza. A experiência sustenta a beleza.

Somos assim também.

Cada cicatriz que carregamos faz parte da nossa estrutura. Cada perda — como a do meu pai quando eu tinha nove anos — foi um espinho que também foi sustentação. Que nos moldou. Que nos ensinou algo que de outra forma jamais aprenderíamos.

Existe uma rosa invisível dentro de cada ser humano. Ela nasce no primeiro impulso da vida. Cresce silenciosamente ao longo da nossa história. Atravessa espinhos, estações, aprendizados.

E espera pacientemente o momento em que finalmente teremos coragem de nos aproximar da nossa própria essência.

Quando essa permissão acontece — e ela pode acontecer num banho simples, com uma vela, com uma flor — algo extraordinário se inicia. Começamos a atravessar histórias antigas. Revisitamos fases do nosso caminho. Voltamos a nos conectar com os primeiros impulsos de quem realmente somos.

E nesse reencontro descobrimos algo profundamente simples e poderoso:

O prazer de estar viva.

O cuidado com o próprio corpo torna-se um gesto de amor. A sensibilidade revela a sua inteligência. A vulnerabilidade se transforma em força. E a vida volta a pulsar com uma nova intensidade.

Pétala após pétala. Respiração após respiração. Consciência após consciência. Toque após toque, que atravessam todos os tabus.

A vida nunca deixou de nos habitar. Ela apenas aguardava o momento em que teríamos coragem de habitá-la também.

✦ ✦ ✦

A Chave que Você Já Tem

Essa experiência não foi apenas minha.

Ela foi de vinte e duas mulheres que, naquela sexta-feira treze, escolheram uma rosa e se permitiram voltar a si mesmas. Cada uma viveu o seu ritual de forma única, íntima e irrepetível.

Mas todas atravessaram algo semelhante: a descoberta de que o sagrado não está fora. Que ele não precisa ser buscado por meio de rituais complexos ou de grandes cerimônias.

O sagrado mora no corpo. Mora no toque gentil que nos damos. Mora no instante em que paramos de procurar defeitos e começamos simplesmente a estar presentes naquilo que somos.

E agora eu te entrego essa chave.

Uma rosa vermelha.

Água.E você.

Não precisa de mais nada. O sagrado já está em você. Aguardando apenas que você se aproxime — com gentileza, com presença, sem pressa.

O caminho da rosa é um caminho de acolhimento. Não de negação. É um caminho de olhar atento para o que existe dentro de nós — as sementes, os espinhos, as pétalas, a flor que sempre esteve ali esperando para florescer.

Cada ponto do seu corpo é uma chave. Cada toque consciente é uma abertura.

Cada respiração presente é um retorno.

Permita-se esse encontro.

Permita-se essa delicadeza.

Permita-se essa rosa que existe em você.

✦✦✦

Ritual da Rosa — Uma Chave para Você

Escolha uma rosa — de qualquer cor que fale ao seu coração, mas se puder, experimente a vermelha.

Prepare um espaço íntimo. Uma vela. Água à temperatura que seu corpo pede.

Entre nesse espaço sem pressa. Sem agenda. Apenas você.

Comece pelas coxas. Pela respiração. Pela presença.

Deixe a rosa tocar sua pele com delicadeza — do mais baixo ao mais alto, de chakra em chakra, de dentro para fora.

Não busque um resultado. Não avalie. Apenas sinta.

E ao final, escreva aqui o que emergiu:

- *O que eu senti:*
- *O que percebi sobre mim mesma:*
- *Quem me permito ser agora:*

SUSETE CLARISSE

Susete Clarisse chegou ao mundo numa noite de Lua Cheia, em Porto Alegre, Brasil. Filha única de pais surdos, aprendeu desde pequena que a comunicação mais profunda não precisa de palavras — e essa compreensão mudou tudo.

Cresceu no silêncio aprendendo a ler correntes invisíveis, a perceber o que outros não veem, a sentir antes de entender. Esse dom, que no início era simplesmente a sua forma de existir no mundo, tornou-se, com o tempo, a sua maior ferramenta de cura.

Mãe, esposa, terapeuta holística com mais de 21 formações, Susete construiu um caminho próprio no qual a espiritualidade e a autotransformação não se separam — se abraçam. Profundamente intuitiva e amorosa, sua presença tem a qualidade do sagrado: estar perto dela é estar perto de um amor tão bonito quanto ela mesma.

Na verdade de Rosa segue seu caminho como Sacerdotisa — um título que não se declara, se encarna. Desde esse lugar profundamente feminino, lidera grupos de encontro de mulheres, espaços onde o que se honra não é a perfeição, mas a verdade do corpo, a abertura, o despertar. Mulheres que chegam com perguntas e encontram algo melhor: o caminho de volta a si mesmas.

O seu compromisso com o desenvolvimento e a abertura da mulher se expressa também na sua criação mais profunda: o Oráculo Sagrado Tela da Verdade — uma obra vibracional e quântica que carrega em seu coração a potência da Rosa Vermelha, e que funciona como portal de autoconhecimento para quem busca clareza, expansão e conexão com a própria essência mais profunda.

Neste capítulo, Susete quis honrar as mulheres — e em especial a sua mãe. Antônia, que não ouvia nem falava, também não pôde dizer à sua filha muitas das coisas que carregava dentro de si. Desde muito pequena, Susete falou por seus pais, sendo a voz daqueles que não tinham voz. Honrou-os a vida inteira — prova do amor infinito que existe no seu coração. E ao escrever estas páginas, ela honrou essa história com a única linguagem que sempre soube usar: a linguagem do corpo, da presença e do amor.

Instagram: @studiocaalix

www.studiocaalix.com.br

CHAVE 10

Lilith no corpo

O mito que sempre esteve em mim

GABRIELA CIMINIERI

Para todas as mulheres que carregaram
sombras que não eram suas.
Para as que aprenderam que
o prazer era perigoso, que o desejo assustava,
que ser demais tinha um custo.
Para as que viveram pela metade,
escolhendo a metade iluminada
e trancando a outra a sete chaves.
Este capítulo é para elas.
E é para você, que está lendo isso
e já sabe do que estou falando.

E é para Danu.
Minha neta. Minha nova luz.
Que ela chegue a um mundo
em que não precise escolher entre suas metades.
Onde possa ser escura e luminosa,
selvagem e terna, livre e enraizada.
Onde ninguém lhe diga que é demais.
Onde o prazer não precise pedir desculpas.
Onde ser inteira não seja um ato de coragem
— mas simplesmente... ser.
Para todas as que vieram antes.
E para as que virão.

CHAVE 10

LILITH NO CORPO

Hoje quero te contar uma história pessoal que, como toda história, é mítica.

Por trás de toda história pessoal existe um mito. A minha não é exceção.

Tudo começa na minha puberdade, entre os meus onze e treze anos.

A transformação do meu corpo num corpo com formas, com seios, e o prazer de exibi-lo com naturalidade trouxeram, paradoxalmente, situações incômodas e dolorosas — tanto com homens quanto com mulheres.

As mulheres me doeram mais.

Nunca vou esquecer a primeira vez que usei um sutiã; foi também a primeira vez que fui a uma festa com meninos. Aquilo pedia celebração e alegria, pois era um símbolo de uma nova etapa. Mas surgiram comentários pelas costas, olhares críticos e a sensação de inveja.

Lembro que estava usando uma camisetinha que me trouxeram dos Estados Unidos, muito original e diferente, que deixava transparecer o meu sutiã flamante.

Os olhares críticos e as risadinhas de deboche perfuraram minhas costas e atravessaram meu coração. Eu queria desaparecer.

Hoje, decodificando minhas emoções, descreveria aquilo como o sentimento mais próximo do que seria se sentir uma puta.

Que ironia.

Era justamente quando queria mostrar algo belo, sensual e feminino. Eu estava começando a descobrir isso. Talvez, nesse evento, tenha surgido um padrão, tenha se instalado um programa.

E foi ali que Lilith entrou na minha vida — ainda sem saber seu nome nem seu mito. A nova experiência da sensualidade associada à crítica, à inveja, à zombaria e à segregação.

Ela foi desafiadora, ousada, a que mostrava, com naturalidade e uma certa inocência, algo belo e novo. A que despertava algo em homens e mulheres. Foi zombada. Foi "exilada". E se sentiu uma puta. Mas, sem dúvida, era ela em todo o seu esplendor: mostrando sua dor simplesmente por ser bela, sensual e audaz, uma jovem mulher desfrutando do próprio corpo, ainda em desabrocho.

Anos depois, quando encontrei o mito, entendi que não era uma ferida isolada. Era um padrão antiquíssimo. Era Lilith, vivida em carne própria, antes mesmo de conhecer seu nome.

✦ ✦ ✦

O ciclo de libertação: Lilith, Eva, e o Éden que construí

A partir daquele evento distante e aparentemente insignificante, algo em mim mudou. Decidi ser igual às colegas e às amigas: não me destacar, não chamar atenção. Sentia que precisava pertencer. Angustiava-me despertar invejas e ser isolada por ser diferente — por ser eu. Por isso, reprimi minha energia, Lilith, da psique e da biologia.

Como tudo na vida é cíclico, seria inevitável que o ciclo de libertação de Lilith chegasse ao fim. E chegou.

Essa mudança surgiu de forma reativa, típica da idade. Depois de um namoro eterno como "namorada oficial", me soltei. Vivi vários anos de liberdade, lá pelos meus 21, saindo e fazendo o que queria, sem mais me importar com os receios da minha mãe.

Fui admirada e julgada ao mesmo tempo pela minha ousadia — pelas pessoas mais próximas, as que mais me amavam.

Era medo.

Obviamente eu fazia o que eles não se atreviam a viver.

Sentiam ainda mais medo.

Obviamente, tinham medo de que algo ruim me acontecesse.

E, evidentemente, fazer o que os outros não se atrevem a fazer acaba sendo muito provocador.

Com um custo.

Claro — tudo tem um custo.

Foram anos selvagens, livres, intensos.

Mas tornaram-se vertiginosos demais para a minha parte, Eva.

Então um dia, depois de alguns eventos muito extremos, me assentei.

Me casei e construí uma vida confortável — embora nem sempre maravilhosa — no Éden, como Eva "oficial" durante um quarto de século.

Criei uma família linda.

Construí uma família linda.

No entanto, sem perceber, fui absorvendo a essência de Lilith.

Por quê?

Lilith parecia incompatível com as leis do Éden, com o papel de esposa oficial e com a cultura machista da época. Hoje, com 35 anos a mais, faria diferente. Mas naquela época era impossível pensar nisso. Simplesmente não ocorria para mim. O que importa é a experiência.

A prova está em que cada vez que deixava Lilith sair através de um arroubo, uma reclamação, raiva, mal-estar, crítica — o próprio mito de Saturno desabava sobre mim: a autoridade lacerante e castradora que com ironia me dizia:

"Como você se atreve a reclamar com tudo o que você tem?"

Não esqueçamos que eu estava no Éden. E sim, eu tinha de tudo.

"Quem você acha que sustenta tudo isso?"

E o medo me penetrava tão fundo, até o mais profundo de mim.

Medo de perder tudo o que eu conhecia.

O amor do casal, o amor da família, o pertencimento.

Meu status social, meu status econômico, a segurança.

E Lilith ia tomando cada vez mais força por dentro. A raiva interior crescia disfarçando a tristeza.

Buscando sentido ao que vivia, explorei o tantra, a astrologia e o eneagrama. Cada um deles me mostrou minha energia Lilith: intensa, profunda e transformadora.

Minha Lilith.

Minha Lilith é imensa.

Meus mapas revelaram claramente. Me conheci mais a cada dia. O essencial sempre foi me conhecer.

Com o tempo, Lilith ganhou força. Depois de tanta repressão, acordou e decidiu abandonar o Éden, apesar da segurança que o lugar lhe oferecia.

✦ ✦ ✦

Lilith se apresenta

Lilith se manifesta na mulher na primeira menstruação, nas mudanças hormonais e na sexualidade que começa a despontar. No homem, Lilith se manifesta por meio da vivência com a mulher. No entanto, sabemos que, na maioria das vezes, essa experiência não é vivida com prazer, mas sim com medo e vergonha.

A seguir, uma versão do mito de Lilith — ou Lua Negra. Quero te contar essa história para que entendas o que Lilith significa para mim. Assim, você poderá se conectar a esse arquétipo e a essa frequência. Dessa forma, tudo o que é natural e selvagem, toda essência pura do ser humano — homem ou mulher — pode fluir.

✦ ✦ ✦

O mito: Lilith, a primeira

Adão viveu no Jardim do Éden. Teve duas esposas: Lilith e, depois, Eva.

Lilith foi a primeira mulher de Adão.

Lilith era naturale, assertiva e potente. Queria viver com Adão em igualdade, alternando papéis.

No entanto, Adão e Jeová tinham outros planos.

Adão acreditava que ela deveria se submeter à sua vontade — algo que Lilith, por natureza, não podia aceitar.

Logo, a incompatibilidade entre Lilith e Adão se tornou visível.

O criador decidiu substituir Lilith por Eva. Eva se tornou a esposa oficial de Adão. Lilith foi expulsa do paraíso.

Há muitas versões do mito. Algumas dizem que ela foi expulsa do Éden. Outras contam que Lilith decidiu sair por vontade própria, pois ali não podia ser ela mesma — ocupava um espaço muito limitado, apesar da segurança.

No Éden, ela tinha tudo. Não precisava pedir nada.

Tinha para comer.

Tinha para beber.

Tinha tudo... menos a liberdade de ser completa.

Quando decide ir embora, vai para o lado escuro da lua, sua sombra e o vazio. Perde os privilégios do Éden e fica à margem, sendo demonizada.

Porque ela é a puta.

A que devora crianças.

Foi assim que a pintaram. Foi assim que quiseram deixá-la.

✦ ✦ ✦

O que o mito oculta

É importante entender que esse mito, como tantos outros, é distorcido para servir ao que a sociedade ou o espírito da época deseja impor.

Se houver patriarcado, uma Lilith será demonizada. Se houver matriarcado, as energias mais apolíneas e masculinas serão demonizadas. Sempre se polariza, se divide: define-se um inimigo.

Mas é o homem quem lhe dá forma, pois o mito propõe um dilema: como transformar a criação de Adão e Eva em yin e yang, numa integração em que ambos saibam ser uma unidade, mas também partes de um todo?

O que viemos fazer aqui?

Nos conhecer.

Nos experimentar.

Unir lo que está separado.

A noite e o dia.

O consciente e o inconsciente.

O feminino e o masculino.

Em vista disso, é urgente elaborar novas leituras. Entender que a queda do Éden não foi um castigo. Foi o início do caminho do autoconhecimento. Da evolução humana.

✦ ✦ ✦

Lilith volta

Mas, no mito de Lilith, ocorre algo fundamental: primeiro, ela vai embora do Éden fisicamente... mas permanece, espiritualmente, em todo momento, como a sombra da Lua — a sombra de Eva.

Quando a razão baixa a guarda. Quando a mensagem se filtra nos sonhos. Quando alguém toca o fundo. É aí que Lilith entra, com sua mensagem de dignidade, de libertação, de ser autêntico consigo mesmo.

Por que isso não aparece quando tudo está bem no Éden? Aparece quando as coisas vão mal. Porque quando tudo está bem, você não quer ir embora.

E então Lilith volta ao Éden todas as noites. Furtivamente. Para falar com Eva.

Eva é a Lua. É a que responde aos cânones de Jeová e de Adão. É a que obedece. A que está confortável. Ela é nossa zona de conforto — os hábitos adquiridos, o automatismo, o que não queremos questionar por que implica questioná-lo.

Lilith é o inconsciente de Eva.

E quando consegue se filtrar, diz uma única coisa:

Acorda.

Se transforma em serpente. Então, tenta Eva comer da árvore da sabedoria, não por maldade, mas para despertar. Esse conhecimento vai dar liberdade a ambas e permitirá que evoluam, tornando-se parte da criação — isto é, cocriadoras com a fonte e não meras espectadoras.

Mas o mito foi contado ao contrário.

A serpente é maligna.

A mulher é culpada.

O homem cai na tentação.

E, assim, construiu-se uma narrativa que puniu o feminino ao longo de séculos. A mulher foi punida. E o homem também. Porque lhe foi negada a integração de sua parte emocional, de sua anima.

A queda do Éden não foi um castigo. Foi o início do caminho do autoconhecimento. Da evolução humana.

Lilith não destrói.

Lilith desperta.

✦ ✦ ✦

Lilith no mapa: o que sua mãe não pôde tocar

Lilith é um arquétipo muito forte que está presente tanto no mapa natal de um homem quanto no de uma mulher. Mas é a mulher que — pelo menos nessa época — tendo sofrido tanto desterro, tocou profundamente o corpo da dor. E teve que fazer algo muito profundo para morrer e renascer livre.

Por isso, a mulher tem tanto trabalho consigo mesma.

Lilith contém a parte livre e criativa do profundo receptivo feminino. Lilith guarda os desejos ocultos, os prazeres proibidos — muito escondidos no inconsciente. Lilith se conecta à mãe. Implica tudo o que a mãe e toda a linhagem feminina reprimiram ao longo de gerações.

Armazena, em seu interior, todos os medos ancestrais do feminino — tanto em homens quanto em mulheres. Assim, Lilith representa algo em que nossas mães não querem nem tocar, muito menos permitir — porque é sinônimo de perigo: o perigo de perder a segurança que o Éden ou o patriarcado oferece.

É algo que foi reprimido e não foi adequadamente atendido na infância.

Lilith pode começar a se libertar ao cortar o cordão umbilical com a mãe — a lua branca, Eva, o consciente, o oficial. Eva é a superfície e o complemento de Lilith. São duas faces da mesma lua. E ambas são necessárias.

Lilith é um eixo de força muito terrena. Nos compromete pelo pulso sexual, pelo mais arcaico. É um eixo de força muito primário. O corpo e a alma, juntos, sem rodeios.

No mapa natal, Lilith — ou Lua Negra — aponta para o território do reprimido pessoal, mas também para o da linhagem. Às vezes não é apenas nossa dor: é a dor de nossa mãe, de nossa avó, de gerações de mulheres que não puderam ser — e de gerações de homens que não puderam habilitar sua parte feminina: a vulnerabilidade, a sensibilidade, o acesso ao inconsciente...

Segundo o signo e a casa onde se localiza, mostra como aprendemos, de maneira específica, a negar nossa natureza mais profunda. Em que área da vida nos enrijecemos, nos blindamos para não sentir. Onde nos custa mais ser autênticos.

Trabalhar conscientemente com a Lua Negra natal não é invocar o caos. É exatamente o contrário: é recuperar o que foi arrancado. É voltar a habitar o que foi abandonado. É fazer as pazes com a parte mais selvagem, mais livre, mais poderosa de si mesma.

✦ ✦ ✦

O despertar que Lilith propõe

Da biologia, da psicologia e da espiritualidade — tudo segue o mesmo padrão: a inércia.

O cérebro repete.

A lua superprotege.

A religião condiciona.

Tudo tende a nos manter no piloto automático.

Mas Lilith confronta tudo isso. Confronta o que nos dá segurança com o custo de viver em plenitude.

Ela sabe que aquilo que não evolui... morre.

Somos treinados para não despertar. Para ficar no conhecido. Para não sair do Éden. Mesmo que no Éden não sejamos livres.

Mas Lilith é quem te empurra para o desconhecido.

Do físico: o prazer.

Do psicológico: a transformação.

Do espiritual: o despertar.

Lilith é o chamado ao despertar biológico, psíquico e espiritual.

É a reivindicação do prazer físico, psíquico e espiritual.

É o prazer que não entende de razões. O prazer que não pode ser explicado pela mente nem pelos dados conhecidos. O prazer que transcende todas as fronteiras. O prazer dos corpos, do intelecto e do espírito. O prazer que está tingido de sobrenatural e de misterioso de cada ser humano.

E aqui reside algo muito importante: a questão do prazer sem culpa. Diz Krishnamurti: "*O prazer é a estrutura da sociedade. Da infância até a morte, estamos secretamente, astutamente ou abertamente perseguindo o prazer.*"

A serpente sabia. Apenas a perspectiva de um prazer maior e desconhecido nos faz sair da nossa zona de conforto. No caso de Adão e Eva, esse prazer foi tornar-se deus.

✦ ✦ ✦

Lilith nos liberta

Voltando àquela menina de treze anos com sua camisetinha e seu sutiã, que se sentiu uma puta por ser bonita: hoje a olho com uma ternura infinita.

Ela não sabia que estava encarnando um arquétipo milenar. O que estavam fazendo com ela já tinha sido feito a milhões de mulheres antes. Que a dor não era só dela — era o eco de todas as que tinham sido denegridas por se atreverem a ser.

Mas hoje posso dizer: aquela menina era Lilith. E Lilith não foi vencida. Lilith aprendeu a se nomear.

Esse é o trabalho que faço há décadas. Com pessoas de todos os cantos do mundo. Com mulheres — e homens — que chegam carregando uma parte de si mesmos que aprenderam a esconder. Que sentem que há algo neles que não está certo. Que assusta. Que não cabe no molde.

O que encontram, quando se atrevem a olhar, não é um monstro. É uma mestra.

Lilith nos liberta.

Nos torna poderosos.

E nos torna perigosos...

Para qualquer sistema que precise de rebanhos.

Lilith não destrói. Lilith desperta.

E quando desperta em você, nada volta a ser igual.

GABRIELA CIMINIERI

Gabriela Cristina Ciminieri Astróloga · Pesquisadora · Criadora de Astrología Viva

Há pessoas que estudam astrologia. E há pessoas que a encarnam. Gaby é das segundas.

Com 26 anos de trajetória e uma formação que a levou aos pontos mais recônditos da disciplina — incluindo anos de estudo na Casa XI, uma das instituições mais prestigiosas do mundo, e pós-graduações na Inglaterra —, Gaby não é uma astróloga comum. É A Astróloga. A que vai longe de verdade. A que te vê a vida inteira sem prever o futuro, sem te dizer o que fazer, sem se meter onde não foi convidada. A que chega com ferramentas tão poderosas que, ao sair de uma sessão com ela, já não é a mesma pessoa.

Como boa Escorpiana, estudou as luzes e as sombras dos seres humanos. E aprendeu a honrar ambas. Um mapa natal ou uma revolução solar com Gaby é um caminho de ida: ali você vai encontrar tudo o que você é — o que você brilha e o que você teme — e sairá com o mapa para habitá-lo cem por cento, com livre-arbítrio, consciência e poder.

Não ficou no consultório. Fundou Astrologia Viva, sua própria escola, onde formou uma comunidade crescente de estudantes e consultores por meio de uma carreira de quatro anos. Com cursos, workshops e retiros espirituais, nos quais orienta uma comunidade crescente de estudantes e consultores na compreensão simbólica e biológica do ser, onde formou uma comunidade crescente de estudantes e consultores por meio de uma carreira de quatro anos, com cursos, workshops e acampamentos espirituais. Sempre levando o conhecimento milenar ao aqui e agora. Sempre um passo mais fundo.

Pioneira em seu campo, criou o GANAR METHOD®, um método de Astro Neuro Reprogramação que une os códigos do mapa natal ao treinamento cerebral e aos avanços das neurociências. Porque para Gaby, a astrologia não é apenas uma linguagem simbólica: é uma ferramenta de transformação biológica, psíquica e espiritual. Seu próximo livro, Cosmos, Psique e Cérebro, é a síntese de décadas de observação clínica e de pesquisa — a ponte mais audaciosa que construiu até agora entre o cosmos, a mente e o potencial ilimitado da consciência humana.

Gaby é uma avançada em seu próprio tempo. Uma sacerdotisa da astrologia. Uma mestra da alquimia em palavras que curam, abrem e despertam. Com ela você deixa de ser vítima para se tornar cocriadora do seu presente e do seu futuro.

@astrologia_viva | www.astrologia-viva.com

CHAVE 11

"Meu filho tem um problema ..."

Não há criação de filhos sem espelho

ESTEBAN SOSA

O que te incomoda no seu filho ou na sua filha
está te mostrando algo sobre si: suas feridas,
seus medos, o que você ainda não resolveu d
a sua própria história.
Sem julgamento nem culpa,
é uma oportunidade.
De curar, de fazer diferente.
Então, este texto é dedicado
a todas as mães que têm a coragem
de se olharem para curar desde o fundo.
Às minhas pacientes —
essas mães que tanto me ensinaram valentia.

CHAVE 11

"MEU FILHO TEM UM PROBLEMA..."

Quantas vezes você tentou conversar com seu filho ou sua filha e não chegou a lugar nenhum? Quantas vezes você colocou um limite e pareceu estar falando com a parede?

Quantas vezes você foi dormir se sentindo esgotada, frustrada, sem saber o que mais podia fazer?

Se você já se sentiu assim, este capítulo é para você.

Como psicólogo clínico há mais de doze anos, ouvi isso incontáveis vezes no meu consultório. Mães que chegavam cansadas, tristes e com raiva, que já tinham conversado, colocado limites, discutido e mandado os filhos à terapia. Mesmo assim, o problema continuava ali, repetindo-se.

O que essas mães não imaginavam — e o que mudou tudo quando descobriram — é que o espelho em que precisavam se olhar era um só: elas mesmas.

Lembro do caso de Marta, uma mãe de aproximadamente cinquenta anos que tinha um filho adolescente de dezesseis anos. Marta chegou ao consultório reclamando que ele não fazia nada do que ela pedia. Ela se sentia com raiva, frustrada e esgotada. Tinham conversado várias vezes, mas ela não conseguia que ele colaborasse em casa nem que se responsabilizasse pelos estudos. "*Não sei mais o que fazer para que as coisas finalmente mudem, estou farta de repetir sempre a mesma coisa*", me disse ela com lágrimas nos olhos.

Com acompanhamento terapêutico, Marta percebeu algo muito importante: em grande parte, ele era assim porque ela o havia criado assim. Ela tinha cometido um erro muito comum — a superproteção. Sem perceber, não tinha atribuído a ele responsabilidades adequadas à sua idade. Pelo contrário, ela carregava quase tudo e resolvia muitas coisas que, na verdade, eram tarefas dele.

Quando Marta começou a olhar para a sua história com honestidade, algo dentro dela se moveu. Como se uma peça do quebra-cabeça finalmente se encaixasse. De repente ela pôde ver.

Não era só o que estava acontecendo com o filho. Havia algo mais profundo. Marta também havia crescido envolvida numa superproteção constante. Sua mãe, com todo o amor, sempre esteve ali para poupar-lhe a dor, as quedas, os riscos. E naquele instante de clareza — daqueles que chegam como um sussurro que muda tudo — ela compreendeu algo que até então havia permanecido invisível.

Sem querer, ela estava repetindo a mesma forma de amar com que havia sido criada.

A partir daquele momento, Marta começou a trabalhar seus medos, a revisar o vínculo com a mãe e a sair do lugar da superproteção. Começou a estabelecer limites saudáveis e a atribuir responsabilidades ao filho. Houve momentos simples, mas significativos: quando ele esquecia algo para a escola, em vez de correr para resolver, ela respirava fundo e lhe dava a oportunidade de crescer por meio das próprias experiências. Não foi fácil e tampouco aconteceu da noite para o dia. Foi um processo... mas valeu a pena, porque, nesse caminho, não só o filho cresceu — mas ela também cresceu.

Outra história marcante foi a de Romina, que tinha quarenta anos e duas filhas de cinco e sete anos. Ela chegou à sessão com o cansaço estampado no rosto e, quase sem preâmbulo, disse: "*Me sinto frustrada, esgotada... minhas filhas fazem o que querem e não consigo que me escutem.*" Ela reconhecia que tinha grandes dificuldades em estabelecer limites.

Em casa, as meninas sempre faziam o que queriam. Quando Romina tentava dizer não a algo que elas desejavam, simplesmente não lhe prestavam atenção e acabavam por conseguir de outra forma. Essa dinâmica a fazia sentir-se insegura e cada vez mais desorientada no seu papel de mãe.

O marido, por outro lado, conseguia estabelecer limites. Mas o fazia de forma autoritária e agressiva. E, para Romina, esse caminho não era uma opção, já que seus próprios pais tinham sido muito autoritários com ela.

Ao começar a olhar para a sua história e a sua infância com mais profundidade, algo começou a se revelar. Por tudo o que havia vivido, sem perceber, ela tinha ido ao extremo oposto. Quando tomou consciência de quanto o autoritarismo dos pais a havia marcado, surgiram emoções muito intensas. Ela se lembrou de quantas coisas havia querido fazer e não pôde, de quantas vezes teve que calar ou simplesmente obedecer.

Ela nunca tinha conseguido estabelecer limites com os pais. E então compreendeu algo que a abalou profundamente: com as filhas estava acontecendo a mesma coisa. Elas também não a escutavam.

Ela havia vivido num extremo e agora, como mãe, sem querer, se encontrava no outro. Não conseguia colocar limites porque não queria se parecer com os pais nem queria que as filhas sentissem o que ela havia sentido.

Por medo, tinha se tornado muito permissiva e também não tinha ferramentas para estabelecer limites firmes e amorosos.

Ao começar a se olhar — por meio do que acontecia com as filhas e com o companheiro —, Romina foi liberando emoções profundas de dor, medo, tristeza e raiva que ela arrastava desde a infância. Aos poucos, começou a recuperar o seu lugar, a estabelecer limites com mais clareza e a transformar a dinâmica familiar.

Foi assim que Romina encontrou o ponto de equilíbrio. Aquelas dificuldades não eram apenas um problema com as filhas: eram um espelho que lhe permitiu ver e curar o que havia ficado guardado desde a infância e a adolescência na relação com os próprios pais.

Porque, muitas vezes, os desafios que surgem na criação não começam nos filhos — começam nas histórias que os adultos ainda não curaram.

Esses são dois exemplos de como funciona a lei do espelho: os filhos, por meio de certos conflitos, mostram aos pais partes do seu mundo emocional inconsciente — feridas emocionais que se repetem, estilos de criação, crenças e formas de se vincular — até que alguém se torne consciente e tenha a coragem de mudar o rumo da história.

Então — **você sabia que seus filhos são o seu espelho?** Isso significa que eles vêm para te mostrar o que você ainda não resolveu da sua infância, da sua relação com os seus pais. Eles vêm para te tornar consciente do que está inconsciente em você: dores reprimidas, emoções guardadas, histórias não resolvidas e crenças limitantes. Seu filho ou sua filha é um espelho do seu próprio menino ou menina interior — ou seja, das suas emoções mais profundas.

Na minha experiência pessoal e profissional, vi muitos casos em que mães e pais, sem perceberem, acabam ferindo emocionalmente seus filhos. Não o fazem intencionalmente — é o eco das próprias feridas que continua a falar por meio deles.

Pense, por exemplo, numa mulher que cresceu com uma profunda ferida de abandono. Seu pai trabalhava muito e quase nunca estava em casa. E quando estava, permanecia ocupado com os próprios assuntos. Entre eles nunca se construiu um vínculo emocional verdadeiro.

Se essa ferida não for reconhecida nem tratada na fase adulta, é muito provável que algo semelhante volte a ocorrer. Sem perceber, essa mãe pode acabar reproduzindo, com algum dos filhos, a mesma distância emocional que viveu em relação ao pai. Às vezes de forma muito parecida. Outras vezes, por meio de novas formas de ausência.

Mas quando uma mãe toma consciência do que viveu, se atreve a olhar para a própria história e decide trabalhar essa ferida, pode acontecer algo diferente. Em vez de repetir, ela pode escolher outro caminho. Pode se tornar uma mãe presente, disponível e emocionalmente conectada com os filhos.

E é aí que acontece o verdadeiramente transformador: a história para de se repetir. Porque quando uma pessoa cura sua ferida, não só muda sua própria vida... mas também muda o destino emocional da próxima geração.

Isso acontece porque os pais, sem perceber, projetam nos filhos suas feridas emocionais inconscientes, assim como desejos, expectativas, frustrações, etapas da infância ou da adolescência não resolvidas, os "teria sido", as necessidades insatisfeitas — esperando que eles fechem o que ficou aberto da própria história.

Na realidade, tudo isso tem muito mais a ver com as próprias feridas dos pais do que com as dos filhos. Por isso, é importante usar o espelho, olhar para si e compreender por que esse filho ou essa filha te faz tão facilmente com raiva, por que te desagrada, por que é tão difícil amá-lo, por que você quer mudá-lo a qualquer custo, ou por que o pressiona tanto para que faça ou deixe de fazer algo.

Muitas das dores que se ativam no vínculo com os filhos podem ser espelhos: memórias para você se olhar, se conhecer e identificar qual parte da sua história precisa ser curada.

Então, o que é a lei do espelho?

É uma lei energética e emocional muito profunda que afirma que o que ocorre na nossa realidade é o resultado do que há em nós. Todo resultado tem uma causa. E essa causa se encontra no interior. Ou seja, a realidade da nossa vida funciona como um espelho que reflete o que acontece dentro de nós.

Por exemplo, quando alguém se olha no espelho, percebe: "*Ah! Meu cabelo está todo bagunçado*" ou "*Hoje não estou com boa aparência.*" Não é verdade que, sem espelho, não conseguimos nos ver?

Considere que a vida é como um espelho, por meio do qual podemos nos conhecer e temos a oportunidade de nos mudar. A vida foi feita para nos permitir desenvolver-nos ao máximo.

Dessa forma, as situações, os conflitos e as pessoas que aparecem no nosso caminho muitas vezes refletem algo do nosso próprio mundo interno. Graças a esse reflexo, temos uma oportunidade extraordinária: ver o que antes não podíamos ver. Nos compreender. E, se assim escolhermos, cresceremos.

Porque a vida não apenas reflete quem somos... Ela também nos convida, uma e outra vez, a nos transformar.

Às vezes, pode ser um pouco difícil compreender e aplicar a lei do espelho, porque viemos de uma cultura muito enraizada na lógica da vítima e do agressor: "*ele ou ela me fez isso*", "*me machucaram*" e toda a dor e o ressentimento que decorrem dessa posição psicológica. A partir daí, é muito difícil olhar para a frente e tendemos a ficar presos no que o outro disse, fez ou deixou de fazer.

Essa lei, por outro lado, propõe um olhar mais profundo e curativo.

O interior cria o exterior. O que está fora reflete o que está dentro.

Na prática, existem três pontos para aplicar essa lei:

1. Você recebe o que dá aos outros.

Por exemplo, se te incomoda que sua filha grite com você constantemente, observe se você também faz isso. Se for o caso, primeiro você precisa parar de gritar para que ela, com o tempo, pare também. Não peça aos seus filhos o que você mesma não dá nem faz. Primeiro, o exemplo é sempre mais forte do que as palavras. Nesse caso, vale a pena perguntar: por que eu grito? Meus pais faziam isso? ¿Qué realmente me irrita? Essas perguntas podem te guiar a conhecer-te melhor e a ver a própria história.

2. Você recebe dos outros o que lhes dá.

Por exemplo, se você é agressiva consigo mesma — em pensamentos ou ações —, seu filho também pode ser agressivo no vínculo com você. Seus filhos te tratam da mesma forma como você se trata. Aqui está a sua autoestima e o quanto de amor-próprio você tem. Uma boa pergunta é: Quanto eu me amo? Como eu me trato em geral?

3. O que você não curou do passado aparece no presente.

Este ponto tem a ver com o passado, as memórias, a relação com os pais e a infância. Por exemplo, se hoje você sente rancor pelos seus pais por coisas que aconteceram e ainda não superou, seu filho ou sua filha pode se comportar da mesma forma com você ou apresentar comportamentos que evidenciam esse rancor. Ou talvez você possa sentir muito rancor desse filho porque ele se comporta como um dos seus pais, ou tem certos traços de personalidade que coincidem com os deles.

Nesse nível, você também pode se perguntar sobre como está a relação com seus pais, como você se sente em relação a eles — talvez seus filhos estejam te ajudando a ver algo aí.

Todos nós temos coisas a resolver com nossos pais, e todos nós temos uma criança interior que precisa ser curada.

Isso é extremamente importante e proporciona um aprendizado profundo. Os problemas que os filhos têm — especialmente quando são crianças e adolescentes — estão relacionados aos pais. Se você deseja ajudá-los, é necessário usar o espelho e observar-se nele. Muitas vezes pensamos: "*Estou sofrendo por causa dessa criança."* Mas quando paramos e olhamos mais fundo, algo muda na nossa compreensão. Então podemos reconhecer: *"Graças a essa criança, percebi algo que eu precisava ver."*

O que, a princípio, parecia um problema começa a se revelar como uma oportunidade para nos olharmos, compreendermos a própria história e curarmos o que há tempos aguardava ser atendido.

E então entendemos algo profundamente transformador:

Às vezes os filhos não vêm para que os mudemos... eles vêm para nos guiar e nos mudar.

Visto de forma simples, pense por um momento no corpo físico. Há partes que você pode ver sem espelho: as mãos, os braços e a parte frontal do corpo. Mas você precisa de um espelho para ver o rosto ou as costas.

O mesmo acontece no nível emocional: há aspectos da sua personalidade, da sua história e das suas emoções que você consegue ver facilmente — e outros que não. Essas partes que não vemos — feridas não curadas, emoções reprimidas, padrões inconscientes — precisam de um espelho para se tornarem visíveis.

E, emocionalmente falando, esse espelho costuma ser o vínculo mais próximo: o companheiro ou companheira e, sobretudo, os filhos.

"No mundo dos sentimentos, tudo está entrelaçado. Se a causa for resolvida, o resultado também precisa mudar. Seus filhos, seus pais e você, mãe, estão unidos no fundo do coração. A postura que você adota em relação aos seus pais é a mesma que um filho ou uma filha pode adotar em relação a você. Graças a isso — e a esse conflito com seu filho ou filha — você pode perceber e compreender algo tão importante."

Há uma frase poderosa que reflete muito bem a lei do espelho: *"Na presença do amor, tudo o que é contrário emerge para ser curado."*

Ou seja, quando há amor num vínculo, as feridas que não curamos — as que estão inconscientes — se manifestam. Não para nos punir, mas para se mostrar e nos dar a oportunidade de vê-las e resolvê-las.

O maior amor que existe é o que há entre pais e filhos. E justamente por isso, esse amor ilumina o que está oculto: te mostra, mãe, o que você ainda precisa resolver dentro de si. Não é para te culpar. Não é para te julgar. Mas para que você possa crescer, curar e construir um vínculo mais saudável consigo mesma, com seus pais e com seus filhos.

O amor não nega as feridas emocionais. Não as tapa nem as esconde. Muito pelo contrário — as traz à tona para que possam ser vistas, compreendidas e curadas, para que não continuem se repetindo de forma inconsciente.

Ainda me surpreendo com a forma como o que não curamos com nossos pais se reflete no companheiro ou na companheira e, sobretudo, nos filhos.

Insisto na importância de não julgar nem culpar — porque, enquanto estivermos vivos, temos oportunidades de aprender, prevenir, perceber, pedir perdão e fazer algo diferente.

A lei do espelho inclui também a lei do inevitável, que afirma:

"Todos os problemas que surgem na vida ocorrem para nos fazer perceber algo importante. Ou seja, não acontecem por acaso — o que deve acontecer inevitavelmente acontece. Em outras palavras, nunca nos acontece nada que não possamos resolver. Todos os problemas que nos aparecem existem porque somos capazes de resolvê-los, e, se nos colocamos diante deles de forma positiva e com amor, eles, sem nenhuma dúvida, nos trarão algum benefício que nos fará dizer: 'Ainda bem que tive esse problema, graças ao qual pude ver algo importante da minha vida.'"

A vida vai nos apresentando experiências que nos convidam a crescer e a tomar consciência. E nem sempre entendemos, no momento, por que está acontecendo o que está acontecendo. Às vezes dói, às vezes cansa, às vezes irrita, às vezes desespera. Mas com o tempo, quando olhamos para trás, muitas pessoas podem dizer:

"Aquele momento tão difícil me obrigou a me olhar, a mudar algo, a crescer, a curar algo que eu não estava vendo."

A lei do inevitável aponta para o fato de que tudo o que nos acontece pode se tornar uma oportunidade de consciência e transformação se escolhermos olhar dessa forma. Então, a vida te mostra — muitas vezes através dos seus filhos — o que ainda dói dentro de você, o que não foi expresso e ficou guardado na sua história.

Aquilo que te incomoda muito no seu filho, aquilo que te irrita de forma desproporcional, aquilo que te transborda emocionalmente — muitas vezes não tem a ver só com a criança em si, mas com algo seu que se ativa: uma ferida, um medo, uma carência, uma memória não resolvida.

É para que você possa se ver com amor e se atrever a se perguntar:

"O que está sendo ativado emocionalmente em mim por essa experiência?"
"Que parte da minha história está se refletindo nessa situação com meu filho ou minha filha?"

Se você parar e fizer essas perguntas, algo pode começar a se transformar.

Você para de reagir automaticamente. Um caminho de consciência se abre.

Ya no se reacciona de forma automática. Se abre un camino de consciencia.

E, a partir daí, criar filhos deixa de ser apenas "**educar as crianças**" e passa a ser também um caminho de cura pessoal.

Foi assim que aconteceu com Josefina, uma mãe de 43 anos, com duas filhas gêmeas adolescentes de 19 anos: Camila e Ruth, com quem ela tinha um vínculo muito diferente. Com Ruth, a relação era mais fácil: havia comunicação, respeito e tranquilidade. Com Camila, tudo era o oposto.

Josefina contava, com profundo cansaço e raiva, que tinha muita dificuldade em se dar bem com essa filha. Às vezes conseguiam se comunicar, mas muitas vezes não. Camila ficava com raiva facilmente, não aceitava limites e fazia o que queria.

Segundo Josefina, ela tinha muita soberba e egoísmo. As discussões eram frequentes. Elas brigavam, diziam coisas que machucavam e, depois, podiam passar dias inteiros sem se falar.

Ao observar essa situação pela lei do espelho, Josefina começou a ver algo que antes não conseguira reconhecer. Tomou consciência de que ela mesma era muito direta ao falar e que, às vezes, a sua forma de dizer as coisas resultava agressiva. De alguma forma, o que ela dava, também recebia da filha — primeiro ponto da lei do espelho.

Quanto ao segundo ponto, Josefina tinha uma autoestima saudável e se tratava com amor, de modo que ali não se evidenciou nenhum reflexo.

Mas ao olhar para a história familiar, surgiu algo revelador. Ela se lembrou de que os próprios pais também tinham sido muito diretos e agressivos na comunicação com ela quando era criança e adolescente.

E ali apareceu, com clareza, outro espelho: a soberba e o egoísmo que tanto a incomodavam em Camila eram traços que ela também reconhecia na própria mãe. Então, aqui se cumpria o ponto três da lei do espelho: a relação com os pais e a infância. Pudemos ver que a história se repetia.

Quando Josefina tomou consciência disso, surgiram a tristeza e a raiva — mas também uma nova compreensão. Ela começou a se comunicar de outra forma: fazia mais perguntas, ouvia mais, cuidava do tom de voz e se aproximava da filha de maneira diferente. Com o tempo, a relação com Camila começou a se transformar.

É incrível como, às vezes, os adultos, inconscientemente, podem repetir histórias com os filhos — criar como foram criados. E outras vezes, podem perceber e decidir fazer diferente. Transformar, não repetir.!

Lembro do caso de Sofía, uma mãe de 48 anos, que me contou que, na infância, o pai era muito violento e batia muito nela, e ela jurou que nunca bateria nos filhos — que havia outras formas de criar.

Ou a história de Celeste, que não foi à pré-escola, não tinha irmãos e ficou muito fechada em casa até os seis anos, sentindo-se sozinha e entediada. Os pais trabalhavam o dia todo e ela era cuidada pela irmã da mãe, que praticamente não brincava com ela. Hoje tem um filho de cinco anos e brinca com ele todos os dias; o leva para a pré-escola desde os três anos para que interaja com outras crianças e, sempre que pode, saem para passear. Há muitas histórias assim — em que a consciência surge e a história pode mudar.

Em resumo, minha intenção é semear consciência, não culpa — compreensão, não julgamento — e, sobretudo, amor, não exigência.

Aprender a se olhar, mãe, com gentileza. A gerir as próprias emoções e a entender como a sua história pessoal influencia — muitas vezes de forma inconsciente — a maneira como você se relaciona com os filhos. Curar para não repetir, e se já repetiu, poder perceber e fazer de outra forma.

Os filhos são espelhos e vêm te mostrar oportunidades de consciência e crescimento. Eles vêm para refletir sobre o que ainda resta a ser curado em sua história, na relação com seus pais, em sua infância e em sua autoestima.

Todos nós temos feridas emocionais, e se não somos conscientes delas e não as trabalhamos, é muito provável que as projetemos, sem querer, nos filhos. Então, trata-se de reconhecer essas feridas, compreendê-las e repará-las — porque, quando um adulto se atreve a se olhar com honestidade e amor, a relação com os filhos também se transforma.

Este não é um caminho de perfeição. É um caminho de presença, de responsabilidade emocional e de aprendizado contínuo. Você vai errar, como todas as mães. E também vai poder crescer e se reparar.

Desejo profundamente que este capítulo tenha te ajudado a te olhar com mais amor e a entender que cada conflito com seus filhos pode ser um convite para se conhecer melhor.

Se você sente que há algo na sua vida em que quer trabalhar — curar a sua história, criar um vínculo mais profundo e amoroso com seus filhos, compreender o que eles vêm te mostrar e transformar cada desafio em uma oportunidade de crescimento, de romper ciclos e de criar um legado emocional diferente para a próxima geração...

Então te espero no **Colégio para Mães** — uma assinatura transformadora que nasceu exatamente para isso. Para te acompanhar nesse caminho, com educação e inteligência emocional, a lei do espelho é tudo o que você precisa para transformar a criação de filhos em um ato de amor consciente.

Porque quando você cura, seus filhos também curam.

ESTEBAN SOSA

Esteban Sosa não é apenas um psicólogo clínico. É um ser luminoso, um curador de almas, um buscador incansável de verdades profundas e um guia amoroso para quem deseja romper com os padrões de dor herdados. Nasceu em Buenos Aires em 1989, e desde muito pequeno demonstrou uma sensibilidade extraordinária ao sofrimento humano. Observador, introspectivo e curioso por natureza, Esteban encontrou na psicologia não uma carreira, mas o seu propósito de vida: compreender para curar, curar para amar, amar para transformar.

Aos quinze anos já tinha clareza de que queria dedicar a vida a acompanhar outras pessoas. Aos vinte e quatro se formou na Universidade de Buenos Aires como psicólogo clínico, e desde então nunca parou de estudar, questionar, sentir e se aprofundar no mistério da alma humana. Sua paixão pelo autoconhecimento o levou a explorar múltiplas abordagens terapêuticas, integrar ferramentas e fundir a ciência à espiritualidade — tornando-o um profissional único, respeitado e profundamente valorizado por colegas e pacientes.

Mas Esteban não aprendeu só nos livros. Sua maior escola foi a própria história de vida: uma infância marcada pelo caos emocional, pela violência e pelas feridas geracionais. Em meio a essa dor, descobriu sua vocação: curar a própria história para que outros não precisem repeti-la. E daí nasceu sua missão mais nobre — prevenir o sofrimento desnecessário nas infâncias futuras, educando mães para viver e criar seus filhos com consciência.

*Por isso, fundou um grande empreendimento: "**Colégio para Mães — Educação e Inteligência Emocional para uma Criação Consciente**" — uma assinatura transformadora que oferece conhecimentos e ferramentas práticas e profundas para curar, compreender a história pessoal e criar os filhos a partir do amor, sem repetir padrões herdados. Sua abordagem não julga nem culpa — convida a se observar, a abraçar a sombra e a escolher conscientemente um caminho diferente. Ele acredita, com todo o ser, que não há revolução maior do que a de uma mãe que decide se curar por amor aos filhos.*

Durante quatro anos também trabalhou na área de orientação escolar, acompanhando alunos, professores e famílias desde a educação infantil até o ensino médio. Ali confirmou algo que sempre soube: as crianças são espelhos, e seus comportamentos muitas vezes revelam feridas não resolvidas nos adultos ao redor.

Hoje, Esteban Sosa é muito mais do que um psicólogo. É um homem íntegro, paciente, comprometido, imparável. Sua delicadeza, dedicação e capacidade de escutar sem julgamento o tornam uma referência no caminho da cura emocional. Sua história é um convite a escrever a própria — a olhar para trás com compaixão, a transformar a dor em sabedoria e a criar a próxima geração com amor, consciência e liberdade.

Você pode acompanhar seu trabalho no perfil @colegioparamadres no Instagram.

Sua mensagem é clara: "Quando as mães curam, os filhos também curam — e não o contrário."

@colegioparamadres

ANTES DE FECHAR ESTE LIVRO

Se você chegou até aqui, já não é a mesma pessoa que o abriu.

Talvez você ainda não sinta isso. Às vezes a transformação trabalha em silêncio, por baixo, antes que a mente a nomeie. Mas algo se moveu. Algo sempre se move quando onze pessoas reais se sentam para te contar a verdade sobre suas vidas, sem pedir nada em troca.

O que você recebeu nestas páginas não foi apenas informação. Foram dons.

De Sylvia você recebeu a permissão de acreditar antes de ver — e a audácia de criar antes de saber como.

De Betty, você recebeu a sabedoria que não pesa — aquela que chega suave, destrava algo no peito e te cura.

De Romina, você recebeu a beleza da verdade dita sem filtros — e a prova de que a transparência é a única maneira de existir para se sentir "viva".

De Annette você recebeu força. O tipo de força que não nasce do medo, mas de continuar de qualquer jeito, sem desculpas. Mesmo naqueles lugares onde tudo parece quase "impossível".

De Adriana, você recebeu o lembrete de que se escolher não é egoísmo — é o ato mais poderoso e mais amoroso que você pode fazer. E que dá para tomar uma atitude agora mesmo.

De Rebeca você recebeu ternura e sutileza. A que transforma sem fazer barulho. A que cura sem que você perceba quando começou. A que te sustenta em cada respiração.

De Selbia você recebeu a coragem de habitar o seu próprio corpo — de escutá-lo, de confiar nele, de parar de lutar contra si mesma e de se atrever a sentir.

De Jorge você recebeu algo que poucos livros podem te dar: a presença de alguém que já não está — e a certeza de que o amor não se interrompe, apenas muda de forma.

De Susete você recebeu a rosa vermelha. A paixão, o prazer e a verdade sagrada do feminino que sempre estiveram em você, esperando ser lembrados.

De Gabriela, você recebeu o mito encarnado — a força antiga que o mundo chamou de perigosa e que, hoje, finalmente, você pode reconhecer como sua.

De Esteban você recebeu amor sem condições — o de um homem que abriu o coração de par em par pelos filhos e pelas famílias do mundo, começando pelo menino que ele mesmo foi.

Esses dons são seus. Não se devolvem. Não se perdem. Não se esquecem.

E agora — se você quiser — há um lugar para você em Klithorian.

Não como leitora ou leitor. Como parte.

Klithorian cresce sempre que alguém escolhe parar de se cindir. Cada vez que alguém se lembra de quem é. Cada vez que uma história lida em silêncio se transforma em uma conversa, em uma decisão, em uma vida que começa a ser vivida de maneira diferente.

Isso é você. Se você quiser ser, convido você a fazer parte.

Meu nome é: ____

E a partir de hoje, escolho ____

Assinatura: _____________________________

UMA ÚLTIMA CHAVE

Os autores deste livro escolheu te deixar algo mais.

Um presente. Gratuito. Do coração.

Porque o amor não se esgota em uma página — ele se expande. Você vai encontrar ferramentas, recursos e experiências criados especialmente para te acompanhar no que este livro despertou em você.

Escaneie o código. Tudo o que há dentro é seu.

Porque um livro termina de ser lido.

Mais uma transformação não tem última página.

Made in the USA
Coppell, TX
07 June 2026

79015206R00129